# INTENSAMENTE
## YO

# INTENSAMENTE

# YO

## Parte 2

Secretos y fantasías eróticas
que todas las parejas y todos
los solteros deben experimentar
por lo menos una vez en la vida.

## Andrés Alfonso

AUTOR

## Datos importantes de la obra

**Autor:** © Andrés Alfonso Laverde
**Título:** © Intensamente yo 2da parte
**ISBN:** 978-84-685-9178-0
**Depósito legal:** M-22420-2025

**Género literario:** Novela erótica
**Tiempo de creación:** © 26 de junio de 2024 al 29 de abril de 2025
**Lugar donde fue escrita:** España, Madrid.

### Equipo de trabajo
**Andrés Alfonso:** Autor
**Sara Amaya:** Diseñador gráfico e Ilustrador
**Mercedes Pimentel:** Diagramación y Maquetación / Italia, Milán.
**Andrea Almeida:** Editor e interventor y modelo de portada.

### Datos de publicación, impresión y distribución
**Primera edición publicada en:** © Colombia, México,
Argentina, España y Reino Unido.
**Impresión Colombia:** Editorial Nomos S.A. / Bogotá Dc **Impresión**
**Europa:** Bubok publishing / Madrid - España
**Impreso en:** Printed in Colombia, México, Argentina,
España y Reino Unido.

# CAPÍTULO TRES

Secretos eróticos de un fotógrafo.

Continuidad...

Difícil conciliar el sueño cuando tienes el cuerpo envuelto en llamas.

**Hora:** 11:46 pm, minutos después de su llamada por Face Time.

Confieso que, después de mi interacción con ella mi cuerpo quedó en llamas. Mi mente no dejaba de desearla y mi intimidad claramente estaba en pleno invierno.

Quedé brutalmente húmedo sin estar del todo en una erección. Por ello, no tuve de otra que ir hasta el baño y allí calmar mi deseo de la forma más sencilla y a la vez la más segura que existe.

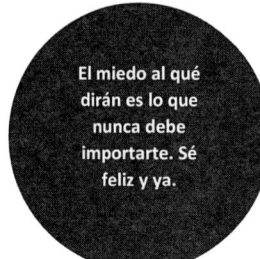

El miedo al qué dirán es lo que nunca debe importarte. Sé feliz y ya.

La masturbación. Me considero un tío atractivo y físicamente me gusta mucho mi cuerpo y, si hablamos de mi intimidad, me obsesiona la forma y textura de mi pene. Es algo que de verdad me gusta ver, tocar, oler. Me hace flipar su color, su tamaño, sus venas que parecen cordilleras, su cabeza en forma de hongo y su rigidez. Son características que le aportan a mi sexualidad la seguridad necesaria para nunca dejar de amarme como lo hago.

Mi debilidad y quizá mi manera más amigable de calmar mis deseos es por medio de la masturbación. No soy de lastimar emocionalmente a una chica solo por tener sexo con ella.

A lo largo de mi existencia me he dado cuenta que así me disfruto más mi intimidad, no hiero ni salgo herido por nadie. Eso del amor en estos tiempos me parece que ya no tiene el mismo sentido que en décadas atrás. Lo efímero es el mercado más completo y el sexo casual es el producto es más barato. No obstante, tampoco juzgo la manera en la que se viva si en cada locura o aventurera que se tenga se puede ser inmensamente feliz.

La ética no es para todo el mundo. La moral no es para todo el mundo. Ser pulcro no le queda bien a todo el mundo. Cada persona en el mundo es libre de hacer con su culo lo que se antoje. Y a veces el límite es darle poder al qué dirán. Ese error fatal es uno de los más que solemos alimentar. Muchos de nosotros somos lo que otros quieren.

Nos comportamos como los demás quieren y en ese acto tan absurdo de complacer nos perdemos a nosotros mismos. Y estoy convencido que vivir libremente no es malo, ni amar es malo ni tener sexo es malo. Lo realmente malo es negarse a ser uno mismo y experimentar aquello que le causa felicidad. Nacemos solos y nos iremos solos. Y lo que no me cabe en la cabeza a ratos es que incluyamos opiniones ajenas de cómo vivir la vida. Por otra parte, creo que, al fin y al cabo, la felicidad está ligada a lo efímero, pero lo exquisito de ello, es que hay

> Mírate tantas veces en el espejo hasta que te enamores y te aceptes.

momentos tan efímeros que se nos quedan grabados en el alma para siempre. Y lo que se queda en el alma, jamás se borra. Y, aunque los recuerdos no se puedan abrazar, existen algunos que al traerlos de vuelta a la mente te hacen sonreír de vez en cuando y te recuerdan lo bonito que es vivir.

Me considero una persona muy sensitiva en cuanto a lo visual y lo auditivo. Quizá por mi profesión, quizá por mi forma de ver la vida o quizá simplemente porque amo ser esclavo de las tentaciones. Por eso me explico a mí mismo el por qué esa llamada detonó en todos mis sentidos y rincones un deseo incontrolable y lujurioso. Y no solo fue algo simplemente mental, sino que ese deseo también transcendió a lo físico y logró humedecer mi entrepierna más que cualquier otra vez.

Recuerdo que, al entrar en mi bañera me coloqué de frente a mi espejo y me apoyé con mis dos manos sobre el borde del lavamanos. Me sonreí a mí mismo y suavemente me fui enderezando y alejando a la vez de aquel borde hasta que mi miembro se pudo ver reflejado en ese cristal. Estaba semierecto. Y si existe una escala para definirlo, podría decirles que estaba en un cuarenta y cinco por ciento de tocar mi cien por ciento.

Evita ponerle límites a esos pensamientos que te hacen feliz.

Mi zona pélvica estaba recién rasurada y la piel morena de mi miembro permanecía un poco recogida dejando expuesta la mitad del glande.

Normalmente en una buena erección no hay piel que cubra su cabeza, lo que lo hace ver más provocador y existente.

Al tenerme así, en ese momento mi mano izquierda subió hasta mi cabello y desplazándose delicadamente por mi cara aumentó la temperatura de mi piel. Y seguidamente mano derecha bajó hasta colocarse justo en la mitad de mi pene, haciéndolo vibrar de arriba abajo y provocándole algunos apretones de tres a cuatro segundos para entrar rápidamente en erección total. A mí se me da muy bien el ponerme cachondo y lograr buenas erecciones. Lo malo de eso es que a veces no hay con quién matar las ganas haciendo el amor a lo maldito.

Me masturbé intensamente esa noche por dos o tres veces consecutivas. Cuando tengo muchas ganas de arder soy enemigo de un solo orgasmo.

Mi dosis perfecta está en quedarme sin fluidos. Sé que cualquier adulto entendería a lo que me refiero. No sé cómo hay gente que puede correrse una sola vez y continuar su vida como si nada. Me parece muy básica esa manera de ver la sexualidad y muy poco complaciente. El deseo debe quemarse a tope y uno como piloto de sus momentos a solas debe obligarse a ir más allá de una sola corrida. Nunca vas a lograr entender si eres una persona multiorgásmica si en el primero renuncias.

No lograrás experimentar el fuego excitante y arrollador que te quema la piel y pone a vibrar tus piernas involuntariamente cuando llegas al squirt. De hecho, hay gente que no sabe y que en este mismo instante cree que jamás podrá tener un squirt.

A veces es mejor hacerse una paja que tener sexo y después quedar más vacío.

La mente es poderosa y si le pones límites todo lo que intentes no pasará de ahí. Pero, en cambio, si usas ese poder y le das rienda suelta a la imaginación no existirá nada que te impida experimentar lo desconocido. Ella te convence de que un orgasmo precoz es suficiente o, de manera inversa te hace volar y experimentar la ruta a una vida sexual multiorgásmica o con finales en squirt. Que ese es el verdadero amarre personal contigo mismo o el amarre más inefable e infalible que le puedes hacer a alguien. El sexo mueve gran parte de las emociones del ser humano, entre ellas el amor. por ello, una buena táctica y práctica sexual, te convierte en alguien sumamente inolvidable y atractivo.

Consejo: Ten buenas relaciones sexuales y de forma muy frecuente. Ya sea contigo mismo, que es la mejor escuela de la exploración. Ya sea dentro de una relación amorosa o ya sea mientras estés soltero. Pero de cualquier modo siempre folla con protección. Sin abstinencia, sin herir a nadie, sin aprovecharse de nadie y, sobre todo, sin contárselo a nadie.

Usa condón hasta si sospechas cosas raras de tu conyugue, puesto que, en la intimidad hay que ser sumamente cuidadosos. Porque para ser un buen explorador del ámbito sexual, hay que estar informado con plenitud sobre los métodos del cuidado y prevención. Incluso, si eres un practicante frecuente del yo con yo, ahí también debes tener mucho cuidado e higiene.

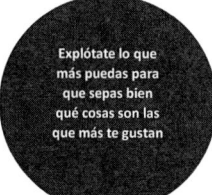

Explótate lo que más puedas para que sepas bien qué cosas son las que más te gustan

Nunca me he podido masturbar solo una vez. Siempre que lo quiero hacer me doy el momento, saco el tiempo y busco la manera de tener privacidad si es que no la tengo en casa. No sé tú como seas en total privacidad. Pero yo soy de los que están solos en casa y cocino, lavo, trabajo u organizo el cuarto en desnudez. Creo que inspira mucho estar sin ropa. Es como tener una cita diaria con tu yo más confidencial. Y para mí esa es la cita que más se debe tener todos los días, cada mes y por todos los años.

Si bien lo recuerdo esa noche tuve sexo conmigo mismo frente a mi espejo enseñándole mis caras perversas al cristal.

Otra debajo de la lluvia artificial de mi regadera. Esa fue con jabón en la piel y con mucha espuma recubriendo mi miembro. Pero resalto que, en cada orgasmo y sin importar el lugar, sus ojos, su boca y su cuerpo eran mi océano y mi centro de inspiración. Mi universo observable y mi calor de invierno. Era la primera vez que me masturbaba deseando tan profundamente a alguien en específico.

El caso es que, una vez te masturbas por las noches te es más fácil conciliar el sueño. Y si es un desamor, te ayuda a desconectarte del problema y de alguna forma te permite dormir plácidamente. Nadie se salva de la masturbación. Todos alguna vez lo hemos practicado y otros lo seguimos haciendo y lo haremos a diario.

Respecto a este tema aconsejo que, aprendas a masturbarte bien. A conocerte más.

A ir más allá y que descubras el placer intenso que

Si eres mujer, debes ser más abierta contigo misma. Más fuego. Más activa.

Más ambiciosa y lujuriosa. Debes explorarte y no dejar que se te vaya la vida sin saber lo que es correrte dos o tres veces de seguido. Sin sentir lo que es un verdadero orgasmo y menos sin que conozcas lo sublime y majestuoso que es llegar al squirt.

Todo tiene fecha de caducidad. Que no se te olvide.

Que para mi punto de vista y también para el de muchas mujeres, es la cúspide del placer. La vida no se te puede ir sin vivir cosas tan importantes como esas. Y si tienes fantasías vívelas todas. Y si no las tienes, créelas y ve a por todas ellas. Quizá hoy no lo veas necesario o importante, pero puedo asegurarte que un día cuando la vejez pese en el cuerpo lo echarás de menos.

Y recuerda, lo que se pospone para después normalmente deja de ser una oportunidad. Y cuando lo quieres, ya no estará disponible ni a tu alcance. Así de paradójico es todo en relación con la vida.

Saliendo sigilosamente de ese instante filosófico concluyo que, después de una buena paja se tiene un sueño y un descanso realmente reparador. Y en ello concuerdo con eso de que el sexo quita el estrés y hace que las personas anímicamente estén más apacibles y sean más felices.

Desperté por la mañana con una actitud muy positiva. Me hice mi primer café del día en desnudez y, mientras la cafetera hacía su trabajo me tomé el tiempo de ir al chat y releer para reconectar con eso tan inesperado que había sucedido la noche anterior.

Quise masticar cada momento minuciosamente para entender a profundidad el giro que empezaba a tener nuestras intenciones, pero no quería tomármelas muy en serio, puesto que, en Europa la desnudez es un tema de lo más normal. Tampoco quería comprarme tan prematuramente la idea de que yo le gustaba o que Emanuela quería acostarse conmigo. Esa estupidez de no pensarme las cosas con calma y de no ponerle un ápice de duda, no, no y no la vuelvo a cometer.

Para un chaval está bien esos arrebatos, sin embargo, para mí no está permitido después de tantas guerras que he tenido que pelear para sacarme a personas del corazón. Eso de enamorarme solo me lo paso sin pensarlo ni un solo segundo y te recomiendo que si puedes te saltes esa etapa.

No todo lo que vemos es lo que parece. Por ello, duda de todo(s).

He madurado mucho y esa experiencia solo se adquiere por los desaciertos, los golpes de la vida y por la edad. No obstante, si me preguntaran qué cosa me hace feliz; sin dudarlo respondería que a mí me hace flipar lo que es verás y lo que es recíproco. Eso de andar sacando conclusiones a destiempo o actuar por suposiciones no me gusta. No le invierto tiempo ni me desgasto.

Las redes sociales son muy interesantes, empero, son unas devoradoras insaciables de tiempo. Nunca puedes responder un solo mensaje. Ver un solo meme o cargar una sola historia. Siempre vas por un minuto y terminas invirtiendo treinta minutos o varias horas. Y es increíble lo adictivas que son y lo tontos que nos vuelven que a ellas les obsequiamos nuestro

verdadero oro, el tiempo. Pasaron varios minutos y fueron más de dos tazas de café las que me bebí mientras me hacía una y mil preguntas. Era cierto que la conexión la teníamos, pero también era cierto que me sentía vulnerable con ella. Y siendo honesto, prefiero retirarme a tiempo que salir herido. Aquí el verdadero problema no era echarnos un polvo, el problema era quién iba a ir a la cama sin ponerse su armadura. Creo que todo alguna vez hemos follado sin meterle corazón, pero creo fielmente también que todos alguna vez en la vida nos hemos echado un polvo y como pendejos hemos salido aparte de follados, enculados. Y a eso precisamente es que me refiero cuando me digo a mí mismo lo que no me debo permitir. Lo tengo muy claro, sin embargo, no está de más recordármelo y obligar a mis emociones sin educar, a que se comporten.

Me desayuné huevos con jamón y pan. Me puse ropa cómoda y salí a comprar algunas cosas que necesitaba para la casa. De regreso me pasé ´por la peluquería y me hice algunos retoques en la barba y en mi pelo. No fue mucho, pues mi intención no era verme tan distinto a como la última vez. Recuerdo que ese día le dije al barbero que era un medio retoque, que no quería nada significativo. El hombre se inmutó un poco y asintió. No me preguntó el por qué. Y creo que esa vez es de las pocas veces que alguien me deja con una respuesta preparada y por decir.

Quizá te lo estés preguntando ahora mismo, pero ¿por qué? Y créeme, te diré cuál mi respuesta.

Está bien arreglarnos y estar bien presentados, eso significa muchas cosas dependiendo la ocasión. Y no hay que olvidar que nuestro lenguaje corporal también comunica, incluso más que las palabras que decimos. Si me iba con mi traje más costoso, mi mejor reloj y mi mejor corte de cabello seguramente su interpretación sería muy contraria a lo que acordamos. Una cita para un café y al teatro después.

Obvio tenía que ir algo elegante, pero por nada iba a mostrarle mi cien a una persona que me gusta aparentemente, pero que llegó a mí por un tema laboral. Es decir, era una cita formal de dos que comenzaban a conocerse, no una cita de conquista o cortejo y menos de enamorados. Y normalmente eso es lo que algunas personas no entienden y por eso veces se arreglan más de la cuenta. Y lo más sarcástico de eso es que en su mayoría, las primeras citas salen mal. Algo cae mal o no termina cuadrando lo suficiente que no alcanzan para repetir.

**Antes de dar cualquier paso asegúrate de que realmente lo quieras hacer.**

En lo personal he tenido citas de las que no quiero ni acordarme. Han sido desde el primer momento hasta el último segundo simples y sin un ápice de conexión. Y la verdad cuando no hay esa química desde el principio lo más sano es no echarle ganas.

Cayó la tarde y consigo llegó la hora de ponerme guapo de una forma normal y profesional para pasarme seguidamente por la casa de Emanuela. Me puse ropa cómoda, alisté dos de mis cámaras y el morral con uno de mis lentes favoritos.

Si algo he aprendido en este trabajo, es que nunca se sabe cuándo se puede uno ganar unos Euros extras sin hacer mucho. Coloqué mis equipos en la parte de atrás del coche y aproveché a echarle una limpiada con paños húmedos. También le apliqué ambientador y ajusté la silla del copiloto a una medida promedio. Puse como gancho unas cinco o seis fotos que todavía estaban en la guantera en la parte superior del cubre sol. Justo en ese lugar donde se pone por defecto un espejo. Algo me decía que ella en algún momento iba a querer utilizarlo. Y cuando eso pasara sin duda las fotografías caerían sobre ella y, de este modo, toda su atención giraría en ese tema en específico.

Me subí al coche, coloqué un poco de música de la agrupación mexicana Reik. Era la única usb disponible y a la mano que tenía en ese momento. Después puse mi móvil en la base delantera que estaba anclada al parabrisas y seguidamente fui al google maps y ajusté los detalles de su dirección. Al parecer estaba a no más de veinte seis minutos de ella.

Mi recorrido comenzó tranquilo. El tráfico fluía de lo más normal y de tiempo estaba sobrado. Justo me daba para poder desviarme algunas calles y pasarme por la gasolinera y llenar mi tanque.

Todo lo que obligues a encajar tarde o temprano terminará lastimándote.

Estando allí aproveché para comprarme una caja de chocles de hierbabuena y continué conduciendo. Al llegar a la dirección que me había indicado me percaté de que no había lugar disponible para aparcar, a lo que no tuve de otra que rodear la cuadra para poder hallar un lugar disponible.

Lo hice y no tuve éxito. Entonces tuve que expandirme un poco más hasta que finalmente vi un lugar disponible para estacionarme. Faltaban ocho minutos para que se completara nuestra hora del encuentro. La cual se había acordado siendo más exacto a las ocho menos cuarto de la tarde. Y como les conté al inicio de esta historia, yo soy muy cumplido y por nada llegaría tarde a ninguno de mis compromisos. Así sean de cualquier índole. Me gusta medir mi tiempo y en lo posible, evitar hacer que alguien tenga que esperarme por mucho tiempo. Eso me parece una falta de respeto. Y, para mí, es una falta grave.

Aproveché esos minutos extras para buscar en café bar que no quedara tan distante y que fuese algo lindo. A los pocos segundos ya tuve varias opciones, sin embargo, tenía que pensar que no se trataba de mi plan, sino del plan de Emanuela.

No podía inventarme algo a sabiendas que, una mujer siempre que sale tiene un itinerario casi listo. Y pensé que lo más probable era que ese café que nos tomaríamos iba a ser cerca del teatro. Entonces también busqué algunas opciones en la web para tener un segundo plan por si acaso.

La puntualidad. La ortografía y la palabra de una persona velen más que sus millones.

La hora en el tablero de mi coche marcaban ya las ocho y tres minutos de la tarde. mi móvil no sonaba. Parecía congelado o enmudecido o desconectado. No niego que pensé en dos o tres ocasiones que quizá lo había olvidado o simplemente estaba siendo una víctima más, del mal llamado *love ghosting.* Una putísima tendencia juvenil en la que se enamora y después de que se tiene al otro cegado y enamorado hasta los huesos, se desaparece como un fantasma sin dejar señales. Lo que se busca con esta tendencia es que al final te busquen, te rueguen o te supliquen amor. Y porquerías como estas son las que rápidamente se difunden en redes sociales hasta ser aceptadas como algo normal por el resto de la sociedad.

En mi caso, hasta eso se me pasó por la mente, pero me costaba aceptar que esta tía estuviese jugando de esa manera conmigo. A lo que, no tuve de otra que darme a la paciencia y esperarme otro par de minutos.

Me puse cómodo y estaba por reclinar el asiento para relajarme y dejar de pensar tonterías cuando sonó mi teléfono. Y sí, efectivamente era ella...

Dejé que sonara un par de segundos para no mostrarme tan dado a ella y seguidamente contesté.

—Hola, buenas tardes. ¿todo bien?

—Sí, todo bien. Pero dime ¿pudiste ubicarte y encontrar mi casa? Ya estoy lista, solo debo poner mis llaves en mi bolso y ya está.

—He podido ubicarme, no fue tan difícil. Y me parece perfecto que ya estés por salir. Baja y espérame ahí en el portal y ya paso por ti. Estoy aquí a tres cuadras de ti, tuve que buscar un lugar para aparcar. Ya tú me entiendes.

Cuando el corazón sabe a dónde pertenece inevitablemente él se acelera solito.

—Vale, sin problema. Te espero ahí y ya estoy por tomar el ascensor y bajar.

Encendí mi coche y en breve me desplacé hasta donde estaba ella. Y bueno, me hizo mucha ilusión verla en jeans, con su blusa elegante y sus tenis blancos. Su cabello suelto y su bolso de cuero colgando de su hombro izquierdo. Se veía realmente fenomenal. Estaba feliz, sonriente y cada vez que más me acercaba para aparcar justo en frente de ella, más rápido latía mi corazón. Algo que me parecía una chorrada en ese momento porque eso solo me pasaba en mis tiempos de la (*ESO*).

Con nervios y todo me detuve un poco más delante de ella y fue así como nuestro plan del día anterior empezaba a tener un desenlace.

Caminó hasta mi coche, abrió la puerta y, con la brisa calurosa del verano también ingreso el olor de su rico perfume.

Y mientras su fragancia seducía mi nariz, no tuve tiempo de para casi nada porque en seguida de un hola, me disparó con dos besos, uno en cada en mejilla. Y para los que no conocen este saludo, es algo muy tradicional y bien visto aquí en España. En ese momento me sudaban un poco las manos y no sé si mi voz titubeaba por su presencia. Pero lo que sí sé, es que después de ponerse su cinturón de seguridad tomé la

ruta que me indicaba mi GPS del móvil y nos dirigimos al café bar, en primer lugar. El sitio que estaba justo a menos de dos calles del teatro.

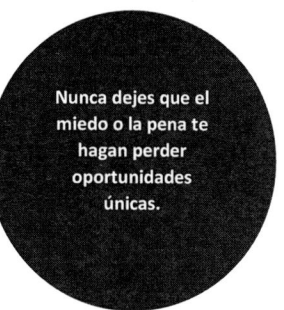

Nunca dejes que el miedo o la pena te hagan perder oportunidades únicas.

Por el camino hasta ese café bar hubo muchas risas, compartimos algunas cosas de nuestro día y algunas sobre nuestros gustos. Me refiero a gustos musicales, a planes favoritos, a lugares y también un poco de gustos culinarios.

Sus labios rojos no se detenían tan seguido, creo que casi nunca. Ellos siempre estaban sonriendo, quedaban atrapados con delicadeza entre sus dientes o simplemente seguían patrones de sus palabras.

Sus ojos de mirada penetrante no dejaban de clavarse entre los míos, aunque me costaba sostenerle la mirada puesto que, las calles estaban algo concurridas. Todo el interior del coche olía a ella. Y ese olor angelical y tan femenino solo hacía que en cada respiro más me convenciera que con ella lo quería todo, así fuese por un momento, por unos días, unas semanas, unos años o para siempre.

Confieso que, en varias ocasiones mientras ella observaba a través del cristal de la ventana, mi mirada se perdió por efímeros segundos en su cuello, en sus oídos y también se resbalaba sigilosamente por su pantalón. No había mala intención en mis miradas, lo juro. Era inevitable no imaginarme cosas, lo acepto. Pero entre esas cosas que imaginaba solo cabían cosas románticas de chavales de diecisiete. Me refiero a ese tipo de sensaciones que se dan cuando se está enamorado. A ese tipo de apapachos que no da lugar al sexo. Ese tipo de sentimiento respetuoso que no da para ir más allá. Pues bien, a ese tipo de cosas me refiero. Y, a mi edad, sé perfectamente distinguir el afecto sincero, del deseo carnal. Sobre todo, de ese deseo que nace de un gusto pasajero y termina a la par con el orgasmo.

Siempre hay personas que nos llenan tanto y con su locura nos hacen romper todas las reglas.

Al llegar al café bar logré encontrar un lugar libre para aparcar mi coche. Me estacioné con tranquilidad y desabroché mi cinturón en la mayor brevedad posible, puesto que, mi intención era poder bajarme rápidamente y abrirle la puerta. Algo que a mí mismo se me hizo muy extraño porque esas atenciones solo suelo tenerla con personas de toda la vida y muy cercanas a mí. En lo que a mí respecta, creo que solo lo he hecho con mi abuela y con mi madre. Y bueno, en ese momento con Emanuela.

En España y en otros países europeos a las mujeres casi no les gusta las atenciones. Hay muchas corrientes feministas actualmente que promueven la independencia absoluta. Eso para demostrar que una mujer no necesita de ningún hombre. Pero ese no es mi tema ni me corresponde a mí cambiarle su enfoque. Solo que recordé que, al darme la vuelta me di cuenta de inmediato que ella ya estaba saliendo del coche y que no necesitó de mi cordialidad y atención extra. Es respetable y no me doy duro contra la vida. Cada quien es libre de pensar lo que se antoje y de actuar y hacer con su mundo lo que le plazca.

Creo que se dio cuenta de mi gesto amable frustrado, entonces lo arregló con una sonrisa y una mirada de ternura. Cerró la puerta y nos fuimos caminado y charlado como dos personas que se conocen de años atrás.

No es el lugar, siempre es la persona.

En la temporada de verano suelen estar muy concurridas las calles de la cuidad, los lugares públicos emblemáticos y, en especial las tiendas de comida, los bares y las cafeterías. El turismo es una de las fuentes de ingresos más rentables aquí, incluso, lo es para muchas otras islas del Europa y del mundo. Y fue por ese factor que no logramos encontrar una mesa para dos en el primer café. Por lo cual, tuvimos que caminar un poco más hasta encontrar un sitio.

Antes en mi vieja versión era excéntrico a todo, sin embargo, ahora siento que todo está conectado y que las cosas suceden como si fuese una película reproduciéndose. Por ello, ahora no me gusta forzar nada. Ahora me gusta dejar que suceda lo impensable y disfrutarme cada situación asé sea con proceso y todo. O, así sea con locura a bordo. Estoy seguro que, se vive más intensamente sin hacer planes tan rigurosos, sin estar tan ceñido a las reglas y sin poner las expectativas tan en lo alto.

El café al que llegamos tenía un aspecto fenomenal. Sillas y mesas de madera. Bombillas amarillas y daba de golpe un concepto romántico y perfecto para los enamorados o, en nuestro caso, para los que apenas se están conociendo. La barra estaba impecable y el olor a café y a pan recién orneado hacen que cualquier persona se olvide los precios, de la dieta y del tiempo.

La pared derecha estaba adornada de viejas fotografías a blanco y negro enseñando a cualquier ojo todo lo que antes fue esta ciudad. En su interior el rostro de trabajadores, niños y ancianos que a la fecha deben estar dos o tres metros bajo tierra. Rostros del pasado que a su vez nos recuerda de lo rápido que el mundo corre esa carrera de la tecnología. Siendo honesto casi todas esas fotos me gustaron. Incluso, me regresaron en el tiempo. Y supongo que, a Emanuela también. Es que le vi tomarle algunas fotos a la mayoría de ellas.

Lo que de alguna manera toca el alma, jamás se olvida y nunca se borra.

Por otra parte, la pared izquierda pintada de blanco y decorada con algunas mariposas negras sostenía un piano antiguo.

Una máquina de escribir y algunos libros muy viejos. Se les notaba las arrugas en su cuerpo, sobre todo, en su espalda. Puesto que, a simple vista era casi imposible leer su descripción. Supongo que pertenecían a autores del ayer. Personas que dedicaron su vida a llenar página en blanco de poesía, de sabiduría y de locura.

En mi poca vida he admirado con decencia y respeto profundo a los escritores. De verdad hay que estar muy loco y decidido para escribir un libro. Antes la literatura era más apoyada, sin embargo, con la nueva era digital se ha desvanecido exponencialmente. La gente ha dejado de leer. Y los que leen, poco a poco van por los libros de digital. En fin…

El mesero se nos acercó y solicitamos una mesa para dos personas. Seguidamente nos condujo hasta ella y nos ubicamos. Pero esta vez mi cordialidad llegó primero y pude adelantarme a correr su asiento para que ella lograra tomar su lugar. Me sonrió de una manera que no me puedo explicar ahora. Solo puedo recordar que, ella y su majestuosa forma de verme era capaz de hacerme decir que sí a todo sin tan siquiera preguntarme nada. Pues bien, así de poderosa era su sonrisa. Y como su sonrisa llegaba con facilidad hasta mi alma, por eso, es que hasta la fecha cada vez que le veo me hace viajar en el tiempo y especialmente a ese momento.

Existen personas con las que se nos es imposible decir NO

Mientras miraba la carta más me convencía que si la muerte se tratase de amar y morir de amor por alguien, entonces con plena seguridad firmaría cualquier contrato para ser su víctima. Me gustaba como le pueden gustar a los niños el chocolate. Como le gusta la lluvia al suelo seco o, como a las nubes les encanta volar.

Me pedí un café cortado y ella pidió un expreso americano. En ese momento supe que teníamos gustos implacables por el olor y el sabor a café. Le pregunté si quería algo más, pero rápido me respondió que así estaba perfecta su orden. El camarero tomó nuestra orden y quedamos nuevamente cara a cara un poco de tiempo. Y fue en ese instante en donde por fin el amor o el destino o lo que fuera nos hacía enfrentarnos sin excusa.

Ella tenía la capacidad de ponerme nervioso, le resultaba fácil sonreírme y ganarse el mundo entero conmigo en un segundo. Y eso es algo que de verdad les admiro mucho a las mujeres. Ya quisiéramos los hombres tener ese súper poder.

Me miró, y me sonrío. Pero en la punta de sus labios sentí que tenía mil palabras por decirme. Y, supongo que, lo mismo estaba viendo en mí.

— Marco, perdona mi atrevimiento por esta invitación. Lo que sucede es que soy de pocas amistades. Y los amigos que tengo casi siempre están ocupados.

—Sin problema, me gustan de por sí estos planes. Respondí con una sonrisa honesta.

—Me alegra saberlo. Lo menos que deseo es incomodar a las personas con mis ocurrencias.

—Te entiendo y de verdad sin problema. Estoy bien. Me siento bien y tu compañía me hace bien.

Nunca le digas que no a aquello que logre hacerte feliz así sea por un ratito.

Estaba por decirle que tenía los ojos más preciosos que jamás había visto. Cuando de repente llegó el camarero con nuestra orden y silenció mi repertorio. Me quedé con las palabras atragantadas en mi garganta. Y para ser honesto desistí de decírselo en seguida porque no soy de presionar las cosas cuando no son su momento. Entonces me enfoque en tocar temas sencillos sobre el café, sobre la función que estábamos por disfrutarnos y por lo lindo y acogedor que era el lugar en el que estábamos sentados.

Nunca he entendido por qué el tiempo pasa tan de prisa cuando dos personas se gustan. Pero tan lento cuando dos personas se separan. Me resulta ilógico pensarlo. Es que no supe en qué momento se nos pasó más de cuarenta minutos allí. De hecho, me faltaba uno o dos sorbos por acabarme el mío cuando ella vio su reloj y me dijo con algo de preocupación.

—Hostia, debemos irnos ya mismo o de lo contrario no llegaremos a tiempo.

—Tienes razón. Le dije, con algo de preocupación también, pero por obvias razones sin dejar morir esa química innegable que nos asechaba en cada partícula de oxigeno que nos respirábamos.

Seguidamente me levanté y fui hasta la caja para pagar. Pero ella me largó un billete de cinco euros para que yo pagase su parte.

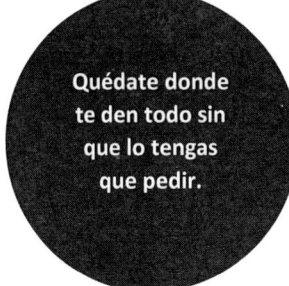

Quédate donde te den todo sin que lo tengas que pedir.

Es lindo que una mujer se pague sus cosas y que no espere de ningún hombre sus atenciones ni que sea una mantenida, sin embargo, no estoy de acuerdo con que ella pagara su parte. Me gusta ser atento y no iba a permitir en ese momento que ella se hiciera cargo del costo de su café. Sé que no es mucho, no obstante. Esta vez y muchas otras veces en mis planes taba invitarle.

No iba a entrar en discusión con ella en ese momento por esa pequeña cuestión. Entonces tomé su dinero y le dije al camarero que mi pago lo haría con mi tarjeta. Fue la idea más rápida que se me pasó por mi mente para no hacer uso de su efectivo.

Realicé el pago y salimos de allí caminado. Esperé alejarme un poco de aquel café bar y le tomé su mano derecha cuando más desprevenida estaba. Tenía su piel fría y muy suave. Se detuvo en seguida y me miró a la cara con algo de incertidumbre. Os juro que, en ese momento solo se me pasó por la mente abrazarla fuerte y besarla. Pero quizá una acción de esas y a destiempo solo iba a meterme en problemas. Entonces, llevé mi otra mano hasta el bolsillo de mi pantalón y saqué su billete y lo puse en la suya.

Me miró y sonrió. Pensé que me refutaría esa acción, sin embargo, no fue así. No dijo ni una sola palabra y en gratitud o qué sé yo, se acercó a mí y me dio su primer abrazo. Un abrazo de esos que no dura más de cinco segundos, pero que cuando vienen de la persona que te gusta parecen de una hora.

Me sentí raro por dentro. El tiempo y los latidos de mi corazón se detuvieron por un instante, si me dejaran explicarlo a detalle quizá afirmaría que fue como por un lapso de tiempo de treinta minutos. Pero es algo que solo los enamorados podríamos explicarle a la ciencia.

La medida perfecta del amor es la RECIPROCIDAD.

Mi respuesta fue responder su abrazo. Y decirle de inmediato que no tenía que molestarse por nada mientras estuviese conmigo. Su contra respuesta fue otro abrazo leal y sincero. Y esa forma de comunicar amor, a mí me encanta.

La gente pasaba en cámara lenta a nuestro alrededor. Era como si una película de enamorados en la primera cita se estuviera desarrollando con nosotros. Es especial sentir amor. Eso te devuelve muchos colores perdidos y te hace encontrar a ti mismo.

Nuestro abrazo caducó y volvimos a alejarnos para seguir caminado hasta el teatro. Empero, me alegraba saber que su olor ya estaba impregnado en mi ropa y que su gesto de cariño ya había puesto a danzar a los demonios solitarios de mi alma. Estaban de celebración, supongo. Era obvio porque me temblaba el espíritu y hasta las manos.

No sé qué nos estaba ocurriendo en ese momento. Pero lo que sí sé es que, el amor o lo que fuera que haga sentir bonito el alma, nos había encontrado. Nos estaba rearmando y nos preparaba para algo grande, quizá.

Al llegar a la entrada del teatro, siendo más preciso al Teatro Guimerá, que es el más antiguo del Archipiélago Canario; había un poco de aglomeración, sin embargo, la fila de personas no era tan extensa. Parecía circular con rapidez. Nos ubicamos y a los pocos minutos ingresamos y nos sentamos de acuerdo a lo que nos indicaban las boletas.

Estaba casi lleno todo el lugar. La gente no paraba de entrar y lentamente se llenaban uno a uno los asientos vacíos. Y si algo tengo dado por seguro es que, cuando algún lugar se llena es porque el artista es bueno, la comida es buena o las promociones son buenas.

> Si algo de verdad te gusta debes perseguirlo hasta que lo tengas. No importa que sea por un instante.

Emanuela quedó a mi lado izquierdo y muy cerca al pasillo. Los dos quedamos en un lugar perfecto desde donde podíamos tener una muy buena panorámica. La iluminación era fenomenal y la verdad me hacía flipar todo lo que me estaba ocurriendo. De hecho, hacía muchos meses ya que no regresaba a un espectáculo así. Me gusta mucho el arte y la música, sin embargo, a veces por mi trabajo me queda complejo sacar tiempo para el ocio.

Pasaron unos veinte minutos mientras se terminaba de llenar el lugar y se completaba la hora del inicio. Y en ese tiempo aprovechamos para conversar un poco más de nosotros. Y fue para mí la mejor charla que pude haber tenido en ese lugar, en ese momento y con esa mujer.

—Le pregunté ¿el color de tus ojos es herencia de tus padres?

—Sí, exactamente de mi madre. Tengo el mismo color de los ojos de mi madre. Y ¿sabes? Mi padre siempre me cuenta que por esos ojos de mi madre es que soy su hija. Me resulta curioso que un tono de ojos pueda enamorar a alguien así. Es que mis padres este año celebran sus 44 años de matrimonio. Y es una pasada.

—No diré nada sobre el poder de los ojos o de la magia de las sonrisas, pero estoy seguro que, ha de ser doblemente peligroso cuando te enamoras de esas dos cosas. Le dije, mirándole fijamente. Mi intención en ese momento fue hacerle saber de algún modo que me empezaba a gustar cada cosa que hacía y también cada átomo de su cuerpo.

Donde te hagan vibrar el alma, las manos y las piernas, ahí es.

—Tienes razón. A veces el amor no tiene forma. No tiene protocolos y no tiene barreras que lo detengan. Simplemente sucede y ya. De hecho, mi abuela solía decirme que, por lo menos una vez en la vida el amor a todos nos sucede de manera inesperada. Y que solo de uno depende si quiere que se quede para toda la vida o que continúe con su viaje.

—Pues ¡qué sabía era tu abuela! Fue todo lo que respondí. Mientras en mi mente intentaba explicarme a mí mismo si me estaba enamorando o si solo estaba en un estado vulnerable de confusión. Es decir, en el éxtasis de un gusto tonto.

Nos quedamos un tanto en silencio. Ella aplicándose un brillo en sus labios y yo hipnotizado viendo lo que hacía. De repente me dijo sin pelos en la lengua.

—Háblame de ti y de tu vida amorosa. Siento algo de pena porque te he invitado a todo esto que va más allá de lo que cabe en el marco de lo profesional y, ni si quiera te pregunté si sales con alguien, si tienes hijos o si tienes una pareja estable. Me gustaría saberlo. Y por favor sé sincero.

—Te comprendo a la perfección. También tengo ese interrogante. Sin embargo, te contaré un poco de mí y responderé a tus preguntas.

> Siempre digan la verdad. Así las locuras se hacen sin miedos y sin remordimientos.

En primer lugar, soy soltero por ahora. De hecho, llevo estándolo hace un par de años. La última vez que me involucré en aquello del amor no salí tan ileso. Por ese lado no debes preocuparte por nada. En segundo lugar, aun no soy padre. Creo que me falta aprender mucho de la vida y llevar mi negocio más hacia la cima para poder brindarle a mi familia si es que un día la tengo, la estabilidad y la seguridad necesaria que se merecen. No es una responsabilidad que quiero adquirir solo porque sí. Eso aún me lo pienso mucho y constantemente.

Y, por último, no puedo negarte que, ser soltero no me libra de haber salido con chicas en otros planes. Ya tú sabes, esos planes de baile, risas, trago y finalmente algo de sexo y diversión. Supongo que si no estás con alguien eres libre de vivir como quieres y lo que quieras siempre y cuando no lastimes a nadie.

—Entiendo. Y créeme que comprendo lo que me dices porque también he vivido así. También pienso así y también es sano explorar un poco la soltería, la soledad, la juventud y, sobre todo, aprovechar las oportunidades.

—¡Claro! Lo realmente malo sería negarse a vivir o; negar cosas importantes para vivir. Ser honesto es un principio que de verdad le da paz a uno en todo lo que haga por más loco que pueda ser.

—Estamos de acuerdo. Y ¿sabes?

—Dime.

Nunca te guardes nada para después. Recuerda que hay oportunidades únicas.

—Me alegra mucho y no sé por qué, pero el hecho de que no estés con nadie me pone feliz.

—Pues a mí también me alegra que lo hayas preguntado.

Sonrío, me miró y volvió a acomodarse en su asiento. Hice lo mismo, solo que esta vez el corazón me latía más rápido que en cualquier otro momento. Ni si quiera un susto había sido capaz de llevarme a tal nivel de aceleración.

Me sentí realizado y especial. Notablemente nuestras miradas cambiaron de color. Nuestras sonrisas tenían otros destellos y nuestro aire estaba más contaminado de feromonas. En cada respiro ella me inhalaba y yo la inhalaba a ella.

Quizá es así como el amor se nos cuela por entre todas las barreras y llega a conquistarnos ese corazón que por años luchó batallas para no dejarse conquistar por nada y por nadie. Por ello, es que uno no es dueño ni de su propio corazón. Pero, queramos o no, siempre llegan personas que se nos instalan en ese lugarcito y en la piel sin pedir permiso y sin hacer mucho esfuerzo.

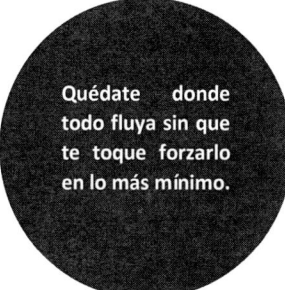

Quédate donde todo fluya sin que te toque forzarlo en lo más mínimo.

El show musical estaba por dar comienzo. Y para completar eran artistas de talla de internacional como, Juan Jesús Rodríguez, Carlos Álvarez y dos personas más que ahora mismo no me recuerdo sus nombres. Me la estaba pasando increíble. Su voz y sus interpretaciones van más allá de un sonido normal. Es inexplicable a la vez y muy angelical oír opera en vivo y disfrutártela sin tener preocupaciones asechándote.

Pasaron tres o cuatro canciones y no pude aguantarme las ganas de tener contacto con ella. Fue en ese momento cuando puse mi mano sobre la suya y le di un apretón suave. No me rechazo ese intento, al contrario, me respondió del mismo modo y entrelazó sus dedos con los míos como si fuésemos una pareja de novios.

Nos quedamos así por algunos minutos hasta que terminó una interpretación y los aplausos nos hicieron separar nuestras manos. Y ahí estuvimos por otros cuarenta y tantos minutos más hasta que finalizó el evento.

La gente comenzó a levantarse de sus asientos y a salir. Nosotros nos quedamos un poco más y aprovechamos para socializar acerca del show. Al quedarse medio vacío el teatro nos pusimos de pie y fuimos hasta la salida. Ella sujetando mi brazo y yo presumiendo de compañía. Era extraño y a la vez era especial y se sentía muy bien. Es algo así como si ella y yo nos conociéramos de años, de otra vida o de algún otro universo.

Estaba por oscurecer. El reloj marcaba ya las diez y cuarenta y seis. Y por mi mente se me pasaban mil cosas que pudiéramos hacer para compartir un poquito más. Estaba en ello cuando me dijo:

—Vamos por un tinto de verano o por una cerveza, yo invito. Y me sonrió.

—Le dije que sí con una sonrisa de regreso y seguimos caminando en dirección a donde estaba mi coche aparcado.

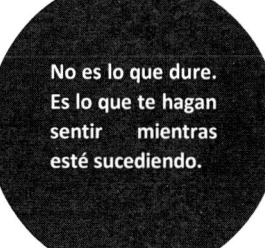

No es lo que dure. Es lo que te hagan sentir mientras esté sucediendo.

Por el camino ella seguía pegada a mi brazo y yo seguí presumiendo de su perfecta compañía. Las cosas eran recíprocas y esa parte es la que más me gusta de cuando empiezas a conocer a alguien. Nada es más hermoso que la reciprocidad y nada es más horrible y desgastante que vivir junto a alguien que solo sabe tirarte migajas de atención, de tiempo y de amor.

Nos ubicamos en un bar desde el que podía ver mi coche al otro lado de la calle. Nos hicimos en las mesas de afuera y nos ordenamos dos cañitas dobles para la calmar la sed. Hacia un poco de calor, no mucho, pero se sentía el bochorno. No sé si era por lo que nos estaba pasando o si de verdad era por causa del verano.

Estando ahí se me quedó mirando fijamente y dijo:

—Sé que pensarás que quizá esté saliendo con alguien. Sé que al igual que yo tienes la curiosidad de saber cómo es el terreno que estás pisando.

—Sí, a decir verdad, me gustaría saberlo. Pero apostaría que estás solteras sola.

—Es correcto. Estoy sola hace más de dos años. Sim embargo, sola no significa que no haya compartido o estado con otras personas. Me refiero a estar sola sin una relación estable. No sola de negarme a conocer a más gente.

—Sí, te entiendo perfectamente. De hecho, cuando te respondí sobre mí eso mismo te traté de explicar. Y ¿sabes?

—Dime.

—Me agrada la idea que sea de lo más sincera conmigo. Es riquísimo pensar que, lo que eres o seas o

Sé sincero y que pase lo que tenga que pasar. Si es para ti, fluirá. Y si no lo es, tu voz interior te lo hará saber.

vayas a ser no tienes que esconderlo de nadie. Eso es liberador. Y exijo que brindemos por ti y por mí.

—Me parece perfecto. Entonces por ti y por mí y por el tiempo compartido. ¡salud!

Y fue ahí donde esa cerveza doble nos bajó por la garganta de la forma más delicada y exquisita que no podrías imaginarte. Pronto fueron dos y tres y cuatro. Con ella todo fluía y la velocidad con la que transcurriera el tiempo era lo de menos. Nadie me esperaba en casa. Estaba al día con algunos clientes y mi única responsabilidad era regresar con ella a salvo y llegar a salvo a mi casa.

Se nos acabó la cuarta cerveza y nuestras caras estaban más rojizas. Los ojos un poco achinados y nuestra motricidad era algo inestable. Tuve la intensión de ordenar otras dos, sin embargo, recordé que es irresponsable conducir ebrio y de entrada no iba a darme a conocer así. Fue por eso que, ordené la cuenta y realicé el pago total de todo. Lo hice mientras Emanuela iba camino al baño de damas.

Estábamos medio envueltos en el poder del licor, no mucho, pero se nos notaba.

Mientras estuve sentado en la mesa esperando a que Emanuela regresara aproveché para revisar mi teléfono, especialmente mi

**No importa si lo que te hace feliz te obliga a romper muchas reglas. Solo sé feliz y ya. La vida es solo un ratito y no es solo para trabajar.**

WhatsApp de trabajo y mi correo electrónico. Quise asegurarme que no tuviese clientes nuevos esperando establecer comunicación conmigo. Sin embargo, todo estaba normal. Nada nuevo y nada raro. Parecía que, hasta el universo conspiraba a mi favor y me daba el tiempo necesario para dedicárselo a ella.

Estaba revisando mi agenda virtual cuando de repente ella llegó, acomodó su silla y de ahí nos fuimos hasta el coche. Esta vez le abrí la puerta y se dejó atender como lo merecía. Estaba un poco más sonriente que antes y le eché la culpa a las cervezas que nos habíamos tomados. Entré al coche y mientras ajustaba mi cinturón le pregunté:

—¿Te acerco a tu casa o vas para otro lugar? Tú solo dime y ya está.

—Siento que es temprano para regresarme. Ni siquiera son las doce todavía. Además, mañana es sábado y no tengo mucho por hacer. Pero vamos ¿dime que tienes pensado? Tampoco quiero que comprometas tu tiempo solo por apoyar mis ocurrencias.

—No, por mí no te preocupes. Como te dije antes me gusta lo que se siente compartir contigo. No sé si quieras que vayamos a una disco o a un karaoke y nos parchamos mejor. ¿qué dices?

—Está fenomenal. Vamos, por mí sin problema.

Llegamos a uno de mis lugares favoritos que solía frecuentar años atrás. Estaba un lleno de personas locales y de turistas. Pagamos le ingreso y en breve estuvimos en la zona de karaoke. Me pedí otra cerveza doble y ella también repitió la dosis.

Sé lo más feliz que puedas cada vez que tengas la oportunidad. No dejes nada para después. NO Y NO.

Nos inscribimos en la lista de espera para cantar y yo por mi parte me pedí la canción de Alejandro Sanz, mi soledad y yo. Se me da muy bien interpretarla y me resulta divertido. Y no me sentí tan mal puesto que, antes de mi canción oí dos o tres de ese mismo estilo.

Emanuela pidió una canción más anímica. De hecho, es un himno en suelo español. La canción se llama creo en mí. Y es de Natalia Jiménez. Con música y con más ambiente el trago sabe mejor. Las luces y los sonidos crean un efecto especial en nuestro cerebro que nos lleva inevitablemente a soltarnos, a ser nosotros mismos o a dejar salir al verdadero yo que pocas veces mostramos.

Mientras oíamos a los demás cantar sus canciones, me acerqué hasta ella y la besé. No se resistió y segundos después respondió a mi beso con la misma intensidad que la mía. Ahí me dejo más que claro que, después de este beso la reciprocidad sería nuestra medida más exacta para el resto de la noche.

Se interrumpió nuestro beso porque había llegado nuestro turno de interpretar lo que elegimos por libre albedrío. Mi turno siendo más preciso. Me puse de pie. Me tomé otro sorbo de cerveza y caminé hasta la plataforma a tomar el micrófono. No niego que sentí un poco de pena, pero me tranquilizaba saber que no habían más de ocho personas en la sala de canto.

Dicen que, uno enamorado o con tragos en la cabeza suele perder la cordura. Y ahora que lo recuerdo creo que eso es muy cierto porque esa noche no solo canté una, sino que interpreté tres o cuatro canciones. Y, a mi parecer, lo hice bien.

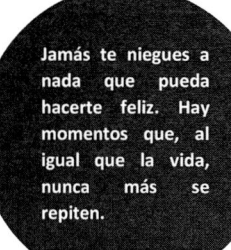

Jamás te niegues a nada que pueda hacerte feliz. Hay momentos que, al igual que la vida, nunca más se repiten.

Emanuela interpretó la suya y consigo casi todos los del salón la acompañaron. Como dije en páginas anteriores, esa canción es un himno. Lo cierto es que esa noche entre canciones, baile y tragos se nos fue olvidando poco a poco el tiempo y al parecer el único objetivo era disfrutarnos esa noche como si fuese a ser la última.

Durante el disfrute conocimos a una pareja que estaba allí. A Rodrigo y a Maira. Dos latinos muy queridos. El chico era hondureño y la chica de alguna ciudad de

Colombia, si no estoy mal de la memoria ella era de Manizales. Justo a ellos la noche fue más divertida. Socializamos con mucha fluidez y bebimos varias cervezas. No obstante, entre tragos y demás llegó esa pregunta que normalmente las parejas se suelen hacer muy a menudo. De hecho, fueron dos preguntas.

—¿Cuántos años llevan juntos? Preguntó Maira. Con un poco de misterio en sus ojos como quien anhela con mucho deseo una respuesta.

—Uno. Hace menos de una semana celebramos nuestro primer año. Dijo Emanuela. Pero lo respondió con tal seguridad que hasta yo mismo que era el testigo de tal mentira piadosa, me lo creí.

—Son Españoles los dos ¿verdad? Preguntó de nuevo Maira.

—Sí, efectivamente. Los dos lo somos. Pertenecemos a esta isla, a la playa, al mar y a los azules del cielo. Y ahí siguieron con su charla mientras Rodrigo y yo hablábamos de coches, del fútbol y de algunas tonterías más que ahora mismo no me llegan a la mente. Sin embargo, mientras los dos dialogábamos me hacía mucha ilusión lo que mi chica le había contestado a Maira. Yo sé que Emanuela es una mujer extrovertida y todo,

pero de algún modo me dio alegría oírlo de su boca, aunque supiera desde el fondo que es solo parte de sus bromas. Solo que en ese momento ni

Si te da paz, ahí es. Y con esa persona dile SÍ A TODO.

más adelante lo desmintió. Incluso, desde que lo dijo en cada oportunidad que teníamos frente a ellos más natural nos salía eso del amor, eso de los besos y aquello de vernos y sonreír por todo.

Estaban por ser ya las cuatro de la mañana y me comenzaba a sentir muy afectado por el licor. Me era más frecuente el deseo de ir hasta el baño a orinar y eso es algo inevitable cuando te excedes con la cerveza. Y fue minutos después de acabarnos otra jarra que decidimos salir de allí y largarnos a descansar. Emanuela fue por última vez a los aseos de aquella discoteca y en ese tiempo que quedé a solas con Rodrigo y Maira, aproveché para intercambiar nuestros números con el fin de poder compartir en otra ocasión.

Emanuela y yo nos despedimos de nuestros nuevos amigos y buscamos la manera de ir hasta donde estaba el coche. Ingresamos a él y recuerdo reírnos por todo. Era algo raro, sin embargo, el licor ya nos tenía por su cuenta. Le dije que si le pedía un Uber porque no quería exponerla al conducir con tragos en mi cabeza.

Me miró y se acercó cautelosamente hasta mi boca y allí sucedió un beso que me caló hasta los huesos. Un beso que despertó mi deseo y puso inquietas mis manos.

Me besó con pasión y con deseo también. Estábamos más que embriagados por el alcohol, pero también por el deseo carnal. Y esa mezcla de sensaciones son imposibles de controlar cuando hay gusto, química y ganas. Dentro del coche nos besamos, nos manoseamos por encima de la ropa y nos dijimos cosas sin sentido. Recuerdo meter mi mano por debajo de su pantalón y desliarla por su nalga y jugar con su hilo de encaje. Le quedaba precioso y ajustado a la medida exacta. Era sumamente flipante tocar lo que toqué y sentir lo que sentí esa noche, en especial en ese momento.

Si quieres que sea rico, intenso y especial sé paciente hasta que sea el momento. No corras.

La madrugada nos pedía sexo. Las ganas nos exigían sexo. El cuerpo nos empujaba al sexo. El momento y todo nos envolvía en las sabanas del placer. Solo era cuestión de dejarnos llevar y más allá de besarnos la boca, también poder besarnos hasta las sombras y el alma. Estaba súper excitado al igual que ella. Sus senos estaban como cohetes detrás de su camisa. Los podía sentir cuando se rosaban contra mi pecho. La mano de ella por encima de mi pantalón frotando mi miembro me tenía encendido como hoguera. Los besos con pasión y con lengua no cesaron por unos buenos minutos hasta que fuimos interrumpidos por los destellos de las luces de lun coche de policía que patrullaba a lo lejos.

De inmediato pensé en lo que pasaría si nos pillasen dentro del coche en este estado. por ello, antes de que su luz delantera nos enfocara le pedí a Emanuela que se ocultara mientras pasaban. Y eso hicimos. Lo hicimos tan bien que, parecíamos niños de doce años

escondiéndose de su profesor. Y es divertido poder conectar con alguien de ese modo donde puedes ser tú y donde no tienes que cohibirte de nada.

**Deja salir a tu niño interior y sé feliz. Sonreír te salva de muchas cosas.**

La policía pasó lenta y como no vio nada sospechoso siguió con su recorrido. Esperamos uno o dos minutos más y cuando nos aseguramos que habían tomado otra ruta, le volvía a hacer la misma pregunta que en principio no quiso responderme.

—¿Te pido un Uber?

Volvió a mirarme con ojos de princesa y respondió.

—Sí. Por favor. Eres muy amable. Y tomando mi mano volvimos a conectar con un beso.

Abrí mi aplicación y juntos en un breve momento ingresamos el destino y lo solicitamos. Teníamos según la app diez minutos más para los dos. A solas y en mi coche.

A ti, quizá diez minutos te parezcan poco. Pero, para mí y para ella, fue media vida. Su transporte estaba por llegar y esos dos últimos minutos fueron más intensos que cualquier otro. Agradecida y feliz la acompañe hasta el coche que se había estacionado unos metros más delante de nosotros y allí me dijo mientras sostenía mi cara.

—Descansa y recupérate. Tenemos mil cosas pendientes. Las de trabajo y las de nosotros. Fue una verdadera pasada todo lo que hoy la vida nos permitió vivir.

—Sí. Avísame en cuanto llegues. Ah, y no tienes que pagar nada, ha está pago tu carrera.

—Gracias, no era necesario que te hubieses molestado. Dijo ella. Y seguidamente el coche se fue alejando de mi vista hasta doblar la esquina de la calle.

Me quedé solo en plena madrugada. Pero para mí era uno de los gestos más responsables. Me subí al vehículo y allí todavía estaba su olor por todos lados. Me vi en el espejo y noté que su pintalabios había dejado rastros en mi boca. Estaba húmedo como no te lo puedes imaginar. Creo que, sentía más envenenado mi cuerpo por el deseo, que por el trago.

Dale tiempo al tiempo y saciarás todos tus gustos y tus placeres.

Me dirigí a casa en ese estado. Por el camino sentía nervios y rogaba a Dios o a quien pudiese ayudarme no ser visto por ahí por alguna patrulla de policía. Aquí en España las multas de tránsito son cosa seria. Sobre todo, por el tema del puntaje puedes perder. Pero afortunadamente i retorno estuvo tranquilo y pude llegar y aparcarme con tranquilidad.

Recuerdo que, me sentí invencible cuando apagué mi coche y retiré las llaves. O sea, ni yo mismo me podía explicar todos los favores del universo que había tenido en un solo día. Me reía de mí mimo y me sentía profundamente feliz.

El reloj marcaba casi las cinco treinta de la mañana. Empero, no fue hasta después de que Emanuela me hablara por WhatsApp que pude salir del vehículo y dirigirme hasta mi portal. Fue allí mientras intentaba meter la llave en la cerradura que, noté que de verdad estaba cansado de los pies. Que me ardía mucho la garganta y que estaba realmente borracho. Y sin hablar de más me tomó casi un minuto poder abrir la puerta de ingreso a mi piso. Verdaderamente estaba ebrio y un poco desorientado. Creo que fue un gusto bien merecido después de unos años de juicio y solo trabajo.

Tomé el ascensor y subí hasta mi piso. El cuarto C. Coloqué mi bolso sobre el sofá y las llaves y mi billetera junto al mueble de la tele.

Fui al baño y desocupé mi vejiga que estaba a punto de explotar. Me miré en el espejo y literalmente tenía cara de culo. Era como si no fuese mío el reflejo que mis ojos veían en ese cristal. El mundo a mí alrededor me daba más y más vueltas. Y después de cepillarme los dientes entré en mi cuarto y me desnudé totalmente para dormir. Ese fue mi último acto de valentía antes de caer rendido en mi cama.

Si lo disfrutaste y fuiste feliz así haya sido por un ratito, entonces no hay de qué arrepentirte. REPÍTELO.

Me despertó la alarma de mi celular siendo las catorce menos cuarto. Ni yo mismo supe cómo pude dormir en pleno sábado más de ocho horas de corrido, aunque supongo que, eso también hacía parte de mi premio por haberme portado bien tanto tiempo.

Apagué la alarma y aproveché para una pasada por mi chat de WhatsApp por si tenía algo pendiente para hoy. Revisé el gripo de la familia y no había nada nuevo. Revisé mi correo y no tenía ningún interesado en mi trabajo y tampoco tenía llamadas de Emanuela ni mensajes. Sentí que el mundo no quería interrumpir mi descanso.

Volví a echar mi cobija por encima de mí, sin embargo, mi vejiga me hacía sentir la necesidad de desocuparla. Mi estómago quería devorar desde adentro por el hambre y una migraña de puta madre me tenía la cabeza a punto de explotar. Y, ¿saben algo? Esa pequeña parte de salir, beber y trasnochar es lo que nunca me ha gustado. No me apetece pasarla bien un par de horas y luego tener uno o dos días de caos en el cuerpo y en la casa. Pero lo único rescatable de mi resaca era el hecho de que el trasfondo de esto fue una mujer realmente interesante.

Quise hacer un poco de pereza, no obstante, mejor decidí tomar una toalla, mis sandalias e ir por una ducha con agua fría. Y así lo hice. Y eso me ayudó a sentirme mejor. Mientras me duche tuve pequeños fragmentos de recuerdos de mi noche loca con ella. Los besos, las caricias prohibidas y las recordé algunas cosas que nos dijimos cuando esa calentura nos tenía poseídos. Y pensar en ello me puso un poco caliente.

Dicen que el café es capaz de curarte de todo, incluso hasta de la pereza y de los problemas del alma.

Antes de ir a mi habitación a ponerme ropa cómoda fui hasta la cocina. Saqué de la gaveta del mercado mi café instantáneo extra fuerte y lo puse tres cucharadas de este dentro de la cafetera. Tomé el recipiente de cristal y lo llené de agua por la mitad. Lo instalé de nuevo en su lugar y le di play. Lo dejé haciéndose mientras iba por algo de desodorante, de crema para el cuerpo, de talcos y de ropa. En lo personal me encanta oler bien y estar siempre bien vestido así esté en casa y así no tenga previsto nada nuevo.

Me puse frente al espejo, ajusté detalles como mi peinado, mi barba y el cuello de mi camisa. El piso completo ya olía a café recién hecho; y mentalmente me preparaba para tomarme mi primera taza de café del día. Y así lo hice.

Mientras me deleitaba con ese sabor, en la vitro eléctrica se fritaban dos huevos con algo de jamón. Con un poco de orégano y, a su vez, en la tostadora dos tajadas de pan se comenzaban a dorar. Este siempre ha sido uno de mis desayunos favoritos. Y más cuando la tostada lleva aguacate encima bien distribuido. Ese es un majar de dioses que pone inevitablemente a flipar tu paladar. Estaba emplatando mi desayuno cuando sonó mi celular, era mi hermana, Sofía. Y tenía una pequeña invitación a cenar a su casa. Pues era el cumpleaños de mi sobrino el menor, Julián, de seis años. Y sin duda le confirmé. Le dije que estaría allí sin falta. Quedamos que sería sobre las siete para alcanzar a compartir con la luz del día.

Con algunas personas no pierdes el tiempo, solo vives más la vida. Y con ellos SÍ A TODO.

Una persona normal a esta hora estaría almorzando, no desayunado. Y ahí estaba yo, con el día descontrolado, pero feliz de todo lo vivido, de la nueva oportunidad de poder despertar y por las cosas que estaban por sucederme con esa chica que, a pesar de mi migraña no se salía de mi cabeza.

me desayuné lo que me había preparado con el mayor de los gustos. De verdad tenía demasiada hambre en ese momento y no podía aguantarme ni un minuto más.

Me relajé un poco después de comerme ese manjar de dioses y al rato fui hasta mi estudio y saqué algunas de mis herramientas de trabajo para hacerles limpieza y mantenimiento, sin embargo, mientras lo hacía, ella no salía de mi cabeza. Sus besos me hacían memoria, sus caricias se sentían todavía en mi cara y el recuerdo de sus roces prohibidos seguían quemándome la piel y ardiendo en mi intimidad.

Dicen que, a veces el deseo puede más que cualquier otra cosa. Y justo me encontraba luchando contra él.

No quería ser el primero que se comunicara. No quería demostrarle que me estaba muriendo por saber de su día y de ella. Pero me era imposible no estar revisando mi teléfono a cada minuto y mi mente no me ayudaba, ella siempre me hacía creer que en cada nueva notificación iba a ser Emanuela, y no era así y; la ansiedad lentamente se adueñaba de mí.

Intenté relajarme un poco más y fui hasta la cocina por más café. Pero todos los intentos que hacía por sacarla de mi cabeza resultaban inútiles. Fue en ese momento en el que decidí llamarle. Cosas que rara vez suelo hacer.

Busqué en mi registro de llamadas su contacto y le marqué. el primer intento fue fallido. No me

> Si se da sin forzarlo, vívelo mucho. Y si no se da, no pierdas tiempo valioso insistiéndole.

contestó. Entonces fui hasta nuestro chat de WhatsApp para ver su última conexión y su hora no se había actualizado y aún permanecía la de su último mensaje.

Por ello, deduje que estaba durmiendo todavía y no insistí más.

Pasaron algunos veinte o treinta minutos y de repente repicó mi teléfono que estaba encima del sofá. Fui hasta él y efectivamente era ella. La llamada que más feliz me hacía. Lo tomé rápidamente y deslicé para costarle y su voz angelical saliendo por la bocina de mi teléfono dijo:

—¡Hola! Buen día. ¿Cómo amaneciste? Perdona no responderte a la primera, es que mi móvil estaba dentro de mi bolso y yo estaba todavía en mi cama. Me siento fatal.

—Buen día. Me alegra mucho saber de ti. De hecho, me hacía un poco de falta oírte. Y, respeto a tu pregunta te cuento que, amanecí con una migraña impresionante y con mi garganta algo irritada. También me sentí fatal, pero nada que un buen café y un rico desayuno no puedan solucionar. Es más, estaba por salir a una tienda de regalos para comprar un detalle para mi sobrino que está de cumpleaños. Mi hermana me ha invitado y no puedo llegar con mis manos vacías.

—Entiendo. Y qué bueno que estés mejor y que hoy puedas compartir con tu familia. Salúdame a tu sobrino.

—Sí, seguro que le daré tu saludo. Cuenta con ello. También quería decirte que anoche estuvo todo fenomenal. Gracias por incluirme en tus planes y por hacer de ese momento algo realmente especial. No sé en lo que

podamos llegar a ser, sin embargo, solo quiero que, sepas que me llenas de muchas maneras la vida de colores. Y ni se diga la locura que despiertas en mí.

—Interesante. Me caes muy bien, Marco. Y creo mucho en el poder de las conexiones y en las energías. Y no es una confesión ni nada por el estilo, pero desde el primer momento has encajado tan bien en todo que hasta yo misma me sorprendo. Y, a decir verdad, creo que los dos somos ese tipo de personas que a todo tienen un sí.

—Opino lo mismo. De hecho, en lo poco que te conozco y en lo poco que hemos compartido eres la excepción a todas las reglas que dije que jamás rompería.

—Ha, ha, ha. Tienes mucha razón en ello porque me pasa lo mismo contigo. Espero pases una tarde bonita con tu familia. Yo intentaré comer lago, ducharme y organizar mi cuarto. Pero no olvides qué tú y yo tenemos muchas cosas pendientes.

—No lo olvido. Y me gusta mucho que lo tengas así de claro. No sé qué somos ni que podamos llegar a ser, pero contigo sí a todo.

—Me parce perfecto. Entonces cuídate y ya tendremos nuestro momento nuevamente. Bye.

—Adiós. Cuídate y hasta pronto.

A veces no se necesita decir mucho. A veces solo es necesario decir las palabras correctas para acelerar un corazón. Para darle la seguridad que necesita. Para hacernos un lugar dentro de él o para construir algo realmente grande. Pues bien, en ese orden de ideas ella me acababa de decir lo que quería oír y, quizá yo le confirmé con mis propias palabras lo que ella necesitaba para darse cuenta que me tenía comiendo de su mano, literal.

**Cuando algo va a ser para ti nada y nadie podrá desviarlo de trayectoria.**

Se terminó la llamada y fui por mis tenis a la habitación. Me apliqué un poco más de perfume y salí a buscar un regalo para mi sobrino. Me considero muy pésimo para eso de elegir regalos. Siempre me ha resultado más sencillo obsequiar el dinero y que la persona tenga la oportunidad de decidir la forma en la que desea gastarlo. No obstante, en este caso quise que fuera diferente y justo así lo hice.

Salí de mi piso sobre las cuatro pasadas. Me llevé conmigo lo necesario y eché todo en mi coche. Me aseguré con el cinturón y me dirigí hasta la tienda más cercana de regalos para hacerme a algo que le pudiese gustar a Julián. Después de un largo tiempo logré comprarle algo.

Y si, si, si, ya lo sé. Quien saber que fue. Y les responderé. Pues le compré un kit de golf. Tres palos de golf, una mochila y tres pelotas. En lo personal me llamó mucho la atención y me gustó. Y en pro de ese gusto me decidí por eso.

Con mi regalo ya listo decidí irme a la casa de mi hermana. Pretendía ayudarla con la organización de lo que faltase, empero, ella ya tenía todo listo. Incluso, algunas de sus amigas más cercanas y allegados a la familia ya estaban allí. Lo que me llevó a entablar charlas con algunos de ellos.

La tarde y también la celebración se pasaron demasiado rápido. Cené pechuga de pollo rellena y me tomé dos copas de champán. Creo que el hecho de comer algo de dulce y de sal me hizo recuperar la cordura. Sin embargo, molestias como el sueño y el ardor en mi garganta continuaban. Recuerdo que tomé

El que muestra su hambre, no come. Y al que le van a dar, le guardan. (léelo otra vez)

algunas fotos de mi comida y de mi copa y se las envié a Emanuela.

Estaba en línea rápidamente me respondió con dos emojis. El de carita babeando y el de la carita de corazones. Y sostuvimos una charla breve. Me despedí de mi familia sobre las diez de la noche. Y de allí salí directo a mi apartamento con todo el deseo de dormir y recuperarme del ajetreo de la noche anterior. Y fue así como lo hice. Pero no sin antes comprarme una buena Coca-Cola y unas piezas de pollo crujiente. Era obvio que en algún momento mi estomagó volvería a pedirme comida y ahí estaría esperándole ese detalle.

Soy de buen comer, sobre todo, cuando hago cosas como las que hice anoche. Creo que beber y trasnochar no solo te descontrolan la cabeza, también te crea un desorden alimenticio. Es decir, despierta el apetito y dispara la ansiedad.

Tuve que ducharme otra vez para evitar el malestar y bajar un poco el golpe de calor. El agua estaba fría y se sentía relajante. Era mi terapia... y, por otra parte, en mi cabeza los recuerdos calientes que nos dejamos con Emanuela parecían estar más vivos que nunca. Lo noté al bajar la vista y verme completamente erecto. Es más, confieso que sentí el deseo de darme una tocadita, sin embargo, desistí y decidí salir de la ducha, secarme bien y meterme a la cama desnudo y prender la tele para ponerme al día con esa serie que suelo verme por las noches.

Como hay oportunidades que NO se repiten, cuando tenga buenas oportunidades, NO LAS DEJE IR.

Pero no comencé a verla hasta que puse en vibrador mi teléfono junto a la mesa de noche. Quería estar pendiente por si ella en algún momento me llamaba o escribía.

No tengo con la intensión de ser incondicional, sino más bien para no negarme a la felicidad que ella me provocaba en cada llamada o notificación.

La serie que me enganchó se llama la casa del dragón. Me gusta mucho lo medieval. Y esa narrativa me satisface todas las expectativas como espectador. Quizá por eso cada vez que puedo me pongo al día en algún capítulo.

Es rara la forma en la que uno a veces vive la vida o hace las cosas. Lo digo porque mi plan inicial era llegar y acostarme y descansar, sin embargo, ahí estaba yo sin nada de sueño y pegado a la tele. Y lo irónico de todo ello es que, cuando tienes el tiempo no hay sueño, y cuando tienes sueño, no hay tiempo. En fin, por eso no me mato la cabeza intentando sabérmelas todas. Ahora solo me dedico a vivir un día a la vez y ya está. Nada más, nada menos.

Se llegaron casi la una de la madrugada y aún estaba ahí pegado a la tele. Y, por curiosidad o por impaciencia tomé el celular, lo desbloqueé y de inmediato noté que tenía dos mensajes de ella. Y hacía casi media hora los había mandado. Pero, a decir verdad, nunca oí el ruido del vibrador de mi teléfono.

Su mensaje era corto y contundente. Solo decía tres cosas. Llámame cuando puedas. Y esas tres palabras finalizaban con un emoji de beso. Me alegré, respiré y le llamé directamente a su número de teléfono.

Al comienzo sonó y no tuve respuesta. Así que, volví a intentarlo. Esta vez sí me contestó…

—Hola, guapa. Disculpa la hora ¿cómo te sientes? ¿Cómo estás?

—Hola, Marco. Gracias por llamar y por querer saber cómo estoy. Pues te cuento, ahora en la noche me ha dolido un poco la cabeza, pero ya me he tomado una pastilla y entiendo que es por la resaca y porque dormí demasiado.

Cuando le importas a alguien saca el tiempo o la excusa para saber de ti. Recuerda, nadie está tan ocupado cuando eres su prioridad.

—Ah, comprendo. Me alegra saber que ya te vas mejorando. Supongo que mañana vas a estar diez de diez.

—Sí, ya es justo.

—Lo sé. Vas a amanecer como nueva. Además, necesito que te mejores porque me gustaría pasar por ti sobre el medio día y que vayamos a la playa. Nos merecemos algo de sol, de comida en junto al mar y concretar algunas cosas de trabajo que no tengo tan claras —¿puedes?

—¡Claro que puedo! Es que si te hubieses tardado otros minutos más en llamar probablemente ese mismo plan lo tendría con dos amigas. Siento que necesito agua salada en mi cuerpo, buen bronceador y sol para reiniciarme. Así que sí. Y dime entonces a qué horas debo esta lista mañana.

—Pasaría por a las catorce menos cuarto. Yo te recojo. Supongo que sería en el mismo

lugar en donde te recogí ayer tarde. —
¿verdad?

—Sí. Ahí mismo. Gracias por tus momentos.
Contigo todo es fluido y me gusta eso. De
verdad gracias.

—No te preocupes. Te mereces o mejor de
mí y de todos.

—Eso es verdad.

—Lo es... Descansa rico, sueña rico y si
puedes piénsame esta noche.

—Y si te digo que no sales de mi cabeza ¿qué
me dirías tú?

—Te respondería que solo me faltas aquí
para que mi mundo y mi noche fuesen
perfectas. Y te lo digo muy en serio.

—Lo sé. También siento lo mismo. Además,
esta noche no solo me hace pensarte más,
sino que también me pone toda curiosa y
peligrosa. Es como un deseo dentro de mí
que me pone rara la piel y me calienta el

cuerpo. Pero de eso hablaremos mañana. Además, quiero que me veas con uno de mis diseños de ropa interior. Creo que será la oportunidad perfecta para que un tipo como tú, con toda la experiencia detrás del lente pueda darme el mejor punto de vista.

**DONDE TE DEJEN SER FUEGO, QUEMA TODO SIN MIEDO Y SIN EXCUSAS.**

De seguro me gustaría tomarme unas buenas fotos allí a ver si logro subir algunas a mis redes sociales e ir dando a conocer estos estilos que tengo para el verano. Como te dije aquella vez, me quiero enfocar en prendas íntimas de lencería t también en segundo plano en bikinis.

—Sí, sin problema. Entonces hagamos que esa tarde sol, playa y mar valga toda la pena. Estoy seguro que será una pasada y que fliparemos con los resultados. Dejaré desde hoy todo listo para que mañana no se me vaya a quedar nada importante.

—Vale. Hasta mañana.

—Bye.

Y así cerramos nuestra llamada. Y confieso que, mi cabeza me generaba idea tras idea para lo que sería prematuramente una sesión de fotos improvisada con el azul del mar.

Después de nuestra llamada me quedé dormido al rato. Al día siguiente me desperté temprano y salí a hacer deporte, específicamente a correr. Es un espacio necesario que me ha ayudado por varios años a mantenerme activo, en forma y también saludable. Al llegar a casa me desayuné un poco de café con tostada, iban a ser casi las diez de la mañana. Y como tenía tiempo de sobra aproveché para organizar un poco el apto y echar a lavar alguna ropa sucia que esperaba en la sesta desde hacía como tres días. me desnudé y en ella incluí la ropa con la que salí a correr. Quizá otra de mis obsesiones es dejar siempre que puedo todo limpio y organizado.

Mientras la lavadora hacía su trabajo fui a ducharme. Y aproveché ese momento para rasurar mi intimidad, mis tetillas y mis axilas. Quise creer que, era mejor estar preparado para lo que fuese. Lo pensé y lo creí tanto que, me convencí de que hoy seguramente Emanuela y yo por fin tendríamos sexo. Y de ser así, quería verme atractivo con y sin ropa. Quería que esa primera impresión le quedara grabada para toda la vida.

Regala buenas impresiones porque lo que nos queda gustando, sin duda se **repetirá.**

y, después de esa rica refrescada y de ese momento de aseo personal. Fui hasta mi armario por mi mejor playera. También me puse mis mejores lentes de sol y bajé al coche las dos sillas de playa portátiles, la carpa y una nevera portátil para llevar agua, refrescos y quizá algunas cervezas. Eso desde mi lado romanticón y de conquistador. Sin embargo, del lado profesional me alisté mi equipo de fotografía que incluía mi cámara profesional y dos lentes. Una batería extra y dos micro memorias. Pensé que con eso sería más que necesario.

Limpié también mi coche por dentro y dejé un espacio en el baúl por si ella tenía muchas cosas por echar. Volví a subir al piso y pasé mi ropa para la secadora. Alisté documentos y me llevé algunas monedas que estaban junto a la mesa de la sala. Eran seis euros con setenta y cinco centavos. Me aseguré de llevar mis llaves y apagando todas las luces salí y tomé el ascensor hasta la plata cero.

Revisé mi buzón y al percatarme de que no había nada salí a la calle e ingresé en mi coche. Desde mi casa hasta donde Emanuela paré en un mercadona, compré dos litros de agua. Unos nachos con un tarro de guacamole de aguacate. Seis cervezas Mahou clásica. UN litro de té de durazno y un tarro de salchichas. Sin embargo, estando allí aproveché para llamar a Emanuela y preguntarle si quería le que comprara algo de allí. A lo que me respondió que así estaba perfecto.

Me dirigí hasta la caja para hacer mi pago y por el camino eché algunas mandarinas dulces y dos bolsas grandes de hielo. Las cuales eché en la nevera portátil junto al agua, el té y las cervezas. Y, una vez listo cada detalle fui directo a la casa de la mujer que me traía loco.

Cuando conoces a la persona correcta conoces también una versión de ti que no conocías.

Tenía algunos minutos a favor después de aparcarme. Los cuales aproveché para pasar la calle y pedirme en la cafetería del frente un café cargado y sin azúcar. Quería llenarme la vida y el paladar de ese rico sabor. Por suerte pude tomármelo con mucha calma e ir al a los aseos de aquel lugar para desocupar mi vejiga. Y justo cuando estaba por sentarme nuevamente la aquella silla, ella llamó.

—Marco, perdóname. Me ha cogido un poco la tarde. —¿Dónde estás?

—No te preocupes que no pasa nada. Y estoy justo aquí al lado de tu piso. En el café Lolita. El que está cruzando la calle.

—Ah, vale. Voy bajando. Te veo allí.

—Sí, perfecto.

Terminamos esa llamada y de seguro se oía más los latidos de mi corazón que el ruido de los coches y de la gente. Sinceramente ella tenía ese súper poder de acelerarlo a su antojo.

Le vi dirigirse hasta el coche y de golpe se veía hermosa, sexy y exquisita desde cualquier punto. Su short de jean, su camisa con escote, su sombrero de sol, sus tenis blancos y su mochila. Traía puestas unas gafas de sol que le quedaban fenomenales, y eso sin contar lo rico que huele su fragancia. Le ayudé a acomodar su mochila en los asientos de atrás. Nos saludamos con dos besos en la mejilla como dos personas que se conocen y solo son amigos. No obstante, se sentía la química y la locura a flor de piel. Era respirable las ganas que nos teníamos.

Si la vida te da la oportunidad de arder y ser tú, no te cohíbas de nada. Dile a todo SÍ.

Fuimos a la cala menos concurrida. Allí llegamos y no habían más de quince personas entre parejas y amigos. Algunas chicas estaban sin su sostén y, en el mar, algunas personas estaban desnudas nadando y bailando al ritmo de las olas. No sé si ya lo sabias, pero en España el tema de la desnudez en el mar es una cosa de lo más normal. Es bien visto y las personas de esta isla e incluso, hasta los turistas que no son de aquí saben respetar ese espacio íntimo y de libertad de los bañistas.

Logramos acomodarnos al extremo derecho de la cala. A nuestras espaldas teníamos una roca de doce metros aproximadamente, de frente estaba el mar con unos seis metros de playa y arena. Creímos que sería el lugar apropiado para estar, para relajarnos y hablar de todo. Y como estaba advertido que ella probablemente iba a usar distintos trajes de baño, teníamos cerca una piedra que nos serviría de cómplice para cambiarse de ropa.

Me quité mi camisa, mis lentes de sol, mis zapatos y me quedé solo con mi playera. Una pantaloneta color azul impermeable. Y seguidamente me dispuse a instalar las dos sillas portátiles. La carpa y ubiqué la nevera en medio de los dos asientos. Estaba en ello cuando de repente ella dejó su bolso justo encima de una silla. Se despojó de su camisa con escote y quedó solo en su sostén y, mientras seguía quitándose su short trataba de distraerme hablando sobre lo rico que estaba el mar y sus colores. Sus pies eran rosados como de ternura. A simple vista ya eran excitantes. Sus piernas se veían rígidas al igual que su cola y su abdomen. Su tanga le quedaba perfecto, sobre todo, como dividía su cola y su intimidad en dos. Era flipante ver y asimilar todo lo que en ese momento se cruzaba frente a mis ojos. Pero, me daba alegría y me sentía egocéntrico al saber que ella iba a ser mía, que quería serlo y, que entre muchas más oportunidades que quizá tenía me había elegido a mí como la más importante.

> LO QUE MÁS SE DISFRUTA Y LO QUE MÁS HACE FELIZ, ES LO QUE NO SE OBLIGA A ENCAJAR.

Los chicos que estaban nadando y los que leían libros o compartían en la playa no lograron resistirse y pude percatarme que le miraban y le miraban. Emanuela es una mujer hermosa de cara, de cuerpo y por su forma de pensar y de ver la vida. pero en poca ropa era otro nivel de persona. Lo mío es porque le había besado la noche anterior. Porque habíamos compartido buenos momentos y porque le conozco, de lo contario diría que, esa mujer no es de este planeta. Es muy bella y perfecta para ser humana, eso me decía a mí mismo y de seguro eso pensaban aquellos chicos que la observaban y que desean ser yo.

Le ofrecí agua. Bebió un poco y en seguida soltó su cabello, se aplicó bronceador y volvió a ponerse su sombreo y sus lentes. Se acercó a mí, puso sus brazos por encima de mi hombro y me besó en los labios. Sentí en ese momento que su pasión y su amor o lo que fuera me quemaba la piel y las entrañas. Respondí su beso y la tomé por la cintura acercándola hasta mí. Me besó un poco más lento y apasionado y terminó con una mordida leve y una sonrisa coqueta.

Nos alejamos un poco y le dije:

—Tus besos son los mejores. No sé qué tiene, pero pueden hacerte sentir mariposas hasta en los huesos. Y sonreí para ella.

—Me gustas. Y quise hacértelo saber de ese modo. Sé que no somos nada aun, sin embargo, no hace falta que me lo propongas ni que yo te lo proponga. Creo que hemos sido claros y honestos en todo. Entonces, que con esa misma libertad que nos da la soltería y el amor, pase lo que tenga que pasar.

Nunca te guardes nada para después. Recuerda que, hay oportunidades que nunca más se repetirán.

—Estoy de acuerdo. Y si la vida nos está dando la oportunidad de conocernos, de vivirnos y de arder, pues quién somos nosotros para desperdiciar los momentos.

—Exacto. Respondió ella.

Y esta vez fui yo quien se acercó hasta su boca para clavarle otro beso como más me gusta. Mis manos estaban ubicadas en sus caderas y después de cerrar la escena de amor con un abrazo le dije:

—Prepárate para que poses para mi lente. El sol está en su punto y el azul del mar está en su mejor tono. Además, quiero que este momento sea inolvidable para ti y para mí. Es más, acércate que quiero hacer lago.

—¿Sí?

—Sí. Ven nos tomamos una selfie con mi cámara. Este será nuestro primer recuerdo con registro fotográfico.

—Genial, sí quiero. Dijo ella mientras intentaba abrazarme y posar para la foto. Nuestra primera foto de verano y de romance. Uno nunca puede mandar en su corazón, sin embargo, el amor a todos nos

> El amor quizá no dure para toda la vida, pero hay amores que se quedan en tu pecho a vivir para siempre.

llega en algún momento. Nos hace creer de nuevo. Nos enciende de nuevo. Nos despierta de nuevo. Nos aviva de nuevo. Y ese mis queridos lectores, ese es el amor verdadero. Y hablando de amores de verdad. Olvídense que siempre es el primero. No se trata del puesto que ocupe, sino del amor que más huellas bonitas deje a su paso.

Hice tres o cuatro disparos en modo selfie sosteniendo la cámara con mi mano derecha. Después de eso Emanuela fue hasta su bolso y sacó de él su toalla. Se dirigió hasta la piedra que nos serviría como vestier y estado allí dijo.

—Marco, ven. Ayúdame a sostener esto, por favor. Entonces fui hasta donde estaba ella y tomé su toalla y la subí a la altura de mis hombros de tal manera que, esta pudiera tapar mi rostro.

Emanuela empezó a desnudarse poco a poco y en mi mente solo estaba la idea de lo linda y perfecta que se veía totalmente desnuda. La curiosidad me estaba matando en ese momento y mi mente no dejaba de imaginarse cosas. Detrás de la tela que nos separaba podía oír el ruido de sus manos buscando algo en su bolso. Luego el roce de ropa deslizándose por su piel, a lo que concluí de inmediato que era su panty de baño escalando por sus piernas. Tuve razón al pensarlo porque después de ello me dijo que me acercara a su espalda para que le hiciese un nudo con las tiras de su sostén.

Era impresionantemente hermosa la vista que tenía desde su espala hasta sus talones. Las curvas de su cintura y el relieve perfecto de sus nalgas. El lunar sobre su hombro tenía el café más alucinante que jamás había visto. En definitiva y, de algún modo, mi mente decretaba fielmente que mi cuerpo deseaba estar fundido al suyo. Soy muy sexual y algo me dice que ella también lo es, pero supongo que, los dos somos de ese tipo de personas que solemos ir lento sin forzar nada.

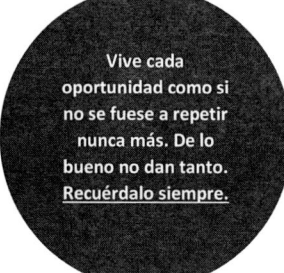

Vive cada oportunidad como si no se fuese a repetir nunca más. De lo bueno no dan tanto. Recuérdalo siempre.

Terminé de hacer un nudo mariposa con las tiras de su sostén y puse la tolla encima de la piedra que nos ocultaba del resto de bañistas y tomándola por la cintura la acerqué contra mi pecho y la besé con mucho deseo usando mi lengua y dándole más libertad a mis labios y a mis manos.

Entiendo que le gustó ese acto desprevenido porque sus besos de respuesta fueron más intensos y ardientes y apasionado que los míos. Sin embargo, esta vez lo mío no era solo besarla. Sino también tocarla un poco hasta donde ella me lo permitiera. El beso iba bien, todo estaba bien y la siguiente acción y movimiento serían determinantes para mí. De esa reacción que yo obtuviera como respuesta dependería casi todo lo que pudiera desarrollarse durante el día. En mi mente estaba que hoy a como diera lugar quería hacer el amor con ella. El deseo en mí había crecido exponencialmente y ya no tenía forma de seguir ocultándolo. En mis planes principal mente estaba el sexo, no una relación ni enamorarme. Pero me gustó tanto ella que todo lo que resultara lo aprovecharía con gusto. Y, para ello, necesitaba desde ya tantear ese terreno.

Dejé que mi mano derecha se deslizará lentamente desde su cintura hasta sus nalgas mientras seguíamos besándonos. No me lo impidió en ningún momento. Entonces hice lo mismo con mi otra mano y la ubiqué en su otro glúteo.

El beso tuvo un pequeño receso y juntó su nariz con mi nariz y algo jadeante me dijo:

—¿Qué haces? Pueden vernos —¿no crees?

—Quiero embriagarme de ti. Te deseo con la fuerza del mar y con la ternura de sus colores. Y si esto es un pecado entonces quiero ser el mejor pecador.

—Me gusta la idea. Ven, bésame. También pienso igual.

Retomamos nuestro beso y mis manos y mi lengua y mis brazos y hasta mi cuerpo tenían la autorización para no respetar límites. Y eso era todo lo que necesitaba para arder como más me gusta.

A veces solo necesitamos un cómplice que nos haga ver que romper los modales no está mal.

Recuerdo apretar mis manos en sus nalgas y haberle dado algunas palmadas suaves en su flipante trasero. Besé su cuello, le dije algunas palabras lindas y otras sucias y rocé mi lengua por el cartílago de sus oídos. Pensé en penetrarla cuando la tomé por sus dos piernas y la subí hasta mi cintura, descargado su peso sobre la toalla que estaba cubriendo una parte de la piedra que nos separaba del mundo. Pero con ella no se trataba de darle gusto a mi deseo y de humedecer mi pene. Ella era especial y, a pesar de que algunas oportunidades no se vuelven a repetir, no era esta la manera en que quería hacerle el amor.

Durante esos diez o quince minutos de pasión y de caricias prohibidas me pasé desde su cintura hasta sus pechos. Desde sus pechos hasta su abdomen. Desde su abdomen hasta su entrepierna y desde su entre pierna hasta su vagina. Claro está. Quise dejar algo para después y por ello solo lo hice por encima de su ropa. Pero estando allí mis dedos alcanzaron a notar humedad y un calor intenso. Y eso solo significaba que nuestro incendio era tan mutuo que estaba por quemar todo lo que se atravesara en el camino.

Pero hagamos una pausa. Estarás pensado que el demonio soy yo. Y no es así. Esa tarde los dos lo fuimos en la misma medida. Emanuela junto a esa roca masajeó mi miembro. Jugó a subirle y abajarle piel que lo recubre hasta que quiso. Chupó y lamió mis tetillas y nos manoseamos conscientemente de puta madre. Y no nos cominos en ese momento porque los dos sabíamos que nos merecíamos ese acto de copulación en privado, con el doble de locura y, en lo posible, que nos celara la noche de tanto hacerlo.

A veces solo necesitamos un cómplice que nos haga ver que romper los modales no está mal.

Salimos de aquel lugar con la piel en llamas y desando zambullirnos en el mar, pero recordé que, justo se había cambiado de ropa para hacer una pequeña sesión de fotos. Y así fue. Sin exagerar tardamos casi dos horas entre cambio de prendas, poses, lugares, ángulos de luz y otros detalles. Y, a decir verdad, todo lo que usó para quedarse retratada en mi lente estaba bonito. Su gusto por los colores. Las texturas y la manera en la que se adherían al cuerpo. En mis adentros solo me dije a mí mismo; debo dar lo mejor de lo mejor de mi trabajo a este emprendimiento. En primer lugar, por mi trabajo y profesionalismo. En segundo lugar, por sacar adelante su sueño. Y por último y no menos importante, por ella. Quien le ha dado a mi vida la dosis perfecta de adrenalina y serotonina. Y eso me daba por defecto la responsabilidad de dar mi cien por ciento en cada foto que tomara.

Después de nuestra improvisada sesión de fotos me dispuse a guardar cuidadosamente mis equipos, puesto que, la arena es muy peligrosa para ellos. Emanuela, en cambio, volvió a colocarse su traje de baño inicial y después de ayudarle a aplicar bloqueador solar fuimos corriendo hasta el mar y nos sumergimos en él.

El agua estaba en su punto exacto. El sol en su máximo esplendor y el azul turquesa del que se vestía el lugar donde estábamos era realmente hermoso. Eso sin contar lo sexy y apoteósica que se veía mi compañera de playa. Su carita mojada y su pelo húmedo le ayudaban demasiado. No sé si, así es estar enamorado perdidamente o si realmente la vida me había dado como premio compartir con un ángel real. No olvido haberle pedido al cielo en muchas ocasiones algo bueno, bonito y sano junto alguien. Y esto que me estaba sucediendo con Emanuela se parecía

Nunca te canses de pedir lo que anhelas. Y cuando lo tengas, disfrútalo intensamente como si al día siguiente lo fueras a perder.

a todo eso que una vez pedí. Tenía pinta de serlo porque lo sentí desde el primer día y lo siento todo el tiempo que estoy a su lado.

Aprovechamos para nada y platicar sobre la vida. Nos tomamos una cerveza en la orilla y cominos nachos con guacamole. Emanuela se bronceó un buen rato y después volvimos a meternos al mar. Y esta vez ella estaba más intensa. Más ardiente y con la mente más abierta. Me lo hizo saber estando sumergidos cuando me besó debajo del agua y metió su mano entre mi bóxer y me cogió los huevos. En ese instante me quedé sin aire y salimos a la superficie a respirar. Me sonrió y me dijo: — Qué rico lo tienes. Y perdona si te soy muy directa, pero de verdad me encanta todo desde aquella noche que lo sentí por encima de tu pantalón estando dentro del coche.

Te confieso ahora que te tengo aquí cara a cara que, en la noche siguiente me toqué en varias ocasiones contigo en toda mi mente y por todo mi cuerpo.

En lo personal me encanta el sexo. Me encantan los preámbulos intensos y me parecen de otro mundo. y no culpes a mis

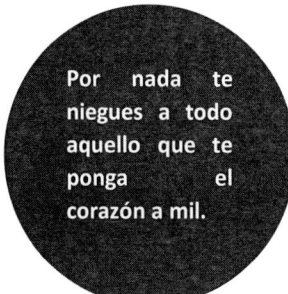

Por nada te niegues a todo aquello que te ponga el corazón a mil.

ganas, culpa a mi locura y te culpo a ti por llenarme tanto de expectativas la vida. sé que no hay nada formal entre nosotros y no quiero pensarlo ni forzarlo, pero tampoco quiero que nos neguemos a vivir intensamente la oportunidad que la vida no está dando. Pero vamos —¿dime que piensas tú de esto?

—¿Qué pienso? Pues estoy jodidamente feliz de todo y por todo. Me gusta que seas así de directa y, sobre todo, la reciprocidad que sabes darme. Y si debo ser más contundente con mi respuesta te diré que, contigo siempre tendré un sí enorme e irrefutable a todo lo que te haga y me haga feliz. A fin de cuentas, la vida es un ratito y ya. Se nos va de las manos como si fuese agua. ¿Y quién soy yo para negarme a tu encanto, a tu afecto o a tu locura? Además, en este momento solo me gustaría que me llevaras hasta tu infierno. Me estaría complacido arder contigo una y cien mil veces más.

—Me halagas. ¡Qué rico saberlo! Y las ganas son mutuas para que lo tengas presente.

—Sí, lo sé.

Y después de esa charla nadamos por una media hora. El mar comenzaba a enfriarse. La brisa que nos golpeaba la piel se sentía más gélida y el estomagó tenía hambre de verdad. Y esa era una gran razón para consentir la idea de que ya iba siendo hora de salir del mar, recoger nuestras cosas y marcharnos hacia algún lugar en el que pudiéramos comer algo. Entonces sin pensarlo tanto se lo hice saber a Emanuela que estaba flotando cerca de mí y dejándose llevar por pequeños movimientos de las olas que llegaban sin fuerza al interior de la cala.

Se puso de pie y asintió. Y completo diciendo. —Sí, ya es hora de irnos. Me está comiendo el hambre desde las entrañas, joder.

Me causó mucha gracia sus palabras y con una sonrisa le hice saber que me estaba pasando lo mismo. Salimos de allí tomados de las manos 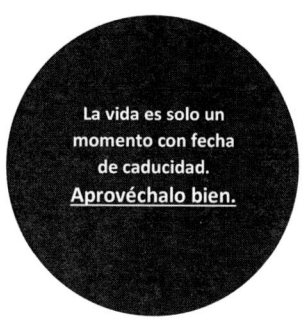 y fuimos nuevamente hasta la roca en la que ocurrieron tantas cosas ricas. Emanuela necesitaba cambiarse y yo nuevamente supuse que iba a ser el auxiliar que le sirviera de cortina. Pero no fue así. Estando allí ella me pido soltar el nudo del sostén de baño y dándose la vuelta se lo quitó frente a mí.

No supe cuántas bombas de deseo se activaron en mi mente y en mi mente y en mi torrente sanguíneo que en milisegundos estaba teniendo mi mejor erección del día. Estaba literalmente flipando.

Sus senos eran muy naturales. De tamaño normal y estaban parados. Sus pezones parecían cohetes apuntando hacia alguna galaxia y el color rosa de sus puntas parecía algo embrujador. Eran los putos senos más inefables que mis ojos habían podido ver. Quizá puse en ese momento cara de lobo o de idiota y ella se percató. Y fue ahí cuando optó por acercarse y puso sus dos manos por encima de mis hombros. En una de ellas estaba su sostén mojado que destilaba gotas de agua salada por mi espalda y su otra mano se acomodó en mi cabello. Me acercó con fuerza estrellando sus pechos duros contra mí.

Y luego me beso por unos segundos.

Pensé que después de eso se cambiaría de inmediato. Y tampoco fue así. Puesto que, al oído me susurró. —La prenda que falta la quitas tú. Y con eso me dejó justo enfrente de su verdadero infierno. Obvio que le hice caso y volví a besarla. Y mientras lo hacía fui deslizado una de mis manos que acaba de poner en su seno, hasta la cintura; y la que estaba en su espalda también se ubicó allí para comenzar a deslizarlo desde su cadera hasta el suelo y así poderlo sacar y cumplir mi misión.

Donde tengas la oportunidad de arder y ser tú, hazlo y no te niegues a nada. **Repito, a nada**.

A principio lo bajé de lado y lado hasta la mitad de su trasero y aproveché para acariciarlo y para chupar sus tetas. Los jadeos ya empezaron a oírse. Seguidamente doblé un poco mis rodillas y baje su panty hasta el piso y lo saque de cada pie. Estaba arrodillado frente a ella. Y tenía justamente frente a mis ojos su cuerpo totalmente desnudo. Y su vagina a no más de veinte centímetros de mi cara y de mi boca.

No tenía ni un solo vello. En su lugar, algunos granos de arena que le lucían con su color de piel. Vi sus labios y por pena o falta de tiempo no logré ver su clítoris. Pero, de ella, su color rosa en los dedos de las manos, en sus pezones, en sus pies y en su intimidad era como una sobre dosis de heroína envenenado y activando mis sentidos. Paso a creer que, incluso ni cuando muera la muerte se me podrá llevar ese recuerdo. Tuve la intensión de acercarla contra mí y hacerle un rico oral. Sin embargo, desistí de esa idea y poniéndome de pie le entregué su panty y le di otro beso. Se volteó para arrollarse en su toalla y en ese momento le di un apretón de nalga.

Emanuela buscó en su bolso la ropa que traía puesta y un panty seco para colocarse y poder marcharnos. En cambio, yo estaba tan erecto que me era imposible ocultarlo con mi playera. Y eso a ella parecía disfrutarlo. Estaba por colocarse su panty se enderezó de nuevo y me dijo, acércate y dame tu mano. Hice lo que ella me había indicado y, por cuenta

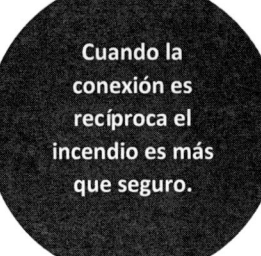

Cuando la conexión es recíproca el incendio es más que seguro.

propia la llevó hasta su vagina y separando un poco sus piernas me dio la libertad de comprobar con mis dedos la humedad que le invadía toda su intimidad.

Estaba muy húmeda, caliente y suave. Excitante al tacto y exquisitamente perfecto para la imaginación. Fueron pocos segundos los que mis dedos pudieron estar allí. Su clítoris permanecía endurecido y más allá de su humedad, me traía flipando también la cara de perversa que la poseía, el poder de su locura y lo estrecha que estaba su entrada.

Y por respeto a nuestro momento, no introduje mi dedo completamente. Lo hice hasta mitad más o menos. Pues to que, a pesar de que me estaba muriendo de ganas por hacerlo, no era el lugar correcto. Debía ser en el hotel o en mi casa. Un lugar donde pudiésemos explotar sin interrupciones y sin límites. Y la playa no me daba esa libertad para nada. De hecho, mientras jugaba con mis dedos y besaba desenfrenadamente sus labios podía oír a las personas que permanecían en el agua. Y la verdad es que esa cosa externa funciona como dos detonantes de adrenalina.

La primera es que te excita demasiado el saber que te pueden ver teniendo sexo. Y la segunda, es que no es tan bueno que te vean porque de seguro esa interrupción dañará todo el momento. Y era justo eso lo que quería evitar que me sucediera con Emanuela. Nuestro encuentro sexual y de copulación tenía que ser más caliente, más sexoso y más privado. Un lugar donde pudiésemos comernos sin miedo a ser vistos, escuchados o criticados. Y por las ganas y la ansiedad de estar, la convencí de ir hasta mi casa y de pasar la noche conmigo.

El escenario era perfecto, sin embargo, Emanuela tenía pendientes después del mediodía y, por lo tanto, no podríamos dormir juntos hasta tarde como los mejores amantes. Una vez concebida la idea de ir hasta mi casa para relajarnos y poder estar

Cuando de verdad se quiere algo las posibilidades abundan y las excusas NO EXISTEN.

en cuerpo y alma nos dimos a la tarea de alistar todo rápido y llevarlas hasta donde estaba aparcado el coche. Las ganas nos hacían apresurarnos.

Echamos todo en el baúl y nos limpiamos la arena de los pies con el agua que aún nos quedó sin abrir. Emanuela subió al coche y de igual manera lo hice yo. Y de ahí en adelante solo cuarenta minutos de carretera nos separaban de arder con el poder de mil fogatas.

Por el camino mi mano estaba constantemente sobre su pierna izquierda. Y de vez en cuando subía hasta su entrepierna. Me achantaba en ocasiones cuando me miraba a los ojos y me sonreía intentando morder delicadamente sus labios. En ese momento entendí que, ningún hombre sabe lo perverso que es hasta que coincide con una mujer que de verdad es mejor que el diablo para seducirte. Uno suele creerse muy caliente y perverso, sin embargo, existen mujeres que son realmente maquinas sexuales donde a su lado solo somos una tuerca insignificante.

Por el camino sonaron algunas canciones, hubo besos y caricias calientes. Los dos supimos avivar el deseo de forma recíproca para que la calentura no se nos marchitara. Y cuando cuentas con un buen copiloto, el trayecto se acorta y el tiempo transcurre demasiado rápido. Lo supe porque en breve estábamos doblando la esquina que conecta con la calle que conduce hasta mi casa.

**NO SE TRATA DE CORRER NI DE VELOCIDAD, SE TRATA DE SABER APROVECHAR BIEN TODAS LAS OPORTUNIDADES.**

Aparqué sin problemas. De hecho, estaba algo solitario el parqueadero común. Apagué el coche y antes de alistar maletas y cosas le dije a Emanuela que fuésemos a comer al restaurante peruano que estaba justo al frente cruzando la calle. Pollo al carbón, arroz chaufa, trucha y entre otros platos de la gastronomía de ese bello país. —Respondió, sí. Y sin tanto cuento se fue desabrochando su cinturón de seguridad, se miró en el espejo y salió del coche.

Le seguí la cuerda porque sinceramente estaba muriendo por dentro por dos cosas. Una por el deseo de estar con ella y otra por el hambre. La tomé por las manos para cruzar la calle como si fuésemos dos novios que llevan años juntos. Y como no lo hicimos por la cera tuvimos que pasar corriendo la calle. Una imprudencia, lo sé. Pero quería sentirme joven y feliz; y eso fue lo que más importó.

Entramos al restaurante y pedimos un arroz chaufa y medio pollo al carbón. Patatas fritas y ensalada de lechuga con tomate. Y como bebida dos latas de Coca-Cola heladas y con hielo extra. En breve llegó nuestro pedido y con el mayor de los gustos nos dimos a la tarea de dejar los platos limpios. El pollo al carbón estaba demasiado rico. El arroz y las patatas también. Fue algo realmente exquisito y placentero para el estómago. Y supongo que, así como se volvió para mí ese restaurante en uno de mis favoritos, para Emanuela también lo iba a ser. Pude darme cuenta porque hasta los huesos del pollo los dejó aplastados por sus mordidas. Quedamos a reventar. Ahora el problema no era tener hambre, sino más bien exceso de llenura. Y todo indicaba a que teníamos que subir a mi piso, darnos una ducha, meternos en la cama para tomar una siesta y después de ello hacer el amor como si no se fuese a repetir ese momento nunca más. Al fin de cuestas tendríamos la noche y un par de horas en la mañana para estar justos todo lo que quisiéramos.

CUANDO EL ESTÓMAGO ESTÁ LLENO EL CORAZÓN VIVE MÁS TRANQUILO. COMER TE DA FELICIDAD.

Salimos de aquel lugar con dos panzas enormes y satisfechos. Fuimos al baúl del coche y sacamos las cosas que traíamos y subimos hasta mi piso. En el ascensor me dio un beso y me dijo —gracias por la comida. Estuvo delicioso todo. Le sonreí y en segundos la campanita anunciaba que habíamos llegado a casa. Busqué mis llaves y abrí la puerta principal y por primera vez estábamos en mi piso. Ella y yo solos con tiempo de sobra.

—Me encanta la sala. Que espaciosa y que rico huele todo. —Gracias por tus palabras. Créeme, por eso amo estar solo. Me cuesta menos mantener todo en orden y en su lugar.

—Divino este lugar. Y ni se diga la vista que tienes desde aquí.

—Así es. A mí también me gusta mucho desayunar y dejar que se me pierda la mirada por esa ventana.

—Te felicito.

—Gracias.

Dejamos algunas cosas en la cocina encima del mesón. Su bolso en el sofá y la llevé a mi estudio para mostrarle un poco del trabajo que hago. Allí dejé mis equipos de fotografía y también flipó con mi orden y con la decoración del lugar.

De allí salimos para la habitación principal y por suerte también estaba todo organizado. La cama bien tendida. Los closets cerrados y nada por ahí contaminado visualmente el ambiente. La senté en mi cama, le ayudé a quitar sus tenis y, mientras se desvestía busqué una toalla limpia para ella. Seguidamente la acompañé hasta el baño y le enseñé todo acerca de los que podía usar para lavar su pelo, su piel y su boca. Sin marginarme que un día una mujer volvería a habitar esta casa, recordé que tenía entre mis cosas de aseo algunos cepillos de dientes extras sin abrir.

A la intimidad de tu casa, de tu cuerpo y de tu corazón no invites a cualquiera.

Como dije anteriormente, es que todo estaba saliendo tan perfecto que mi único miedo era que yo estuviese soñando. Pero por suerte o por cosas del destino, la narrativa que se desarrollaba frente a mis ojos se sentía muy real.

La dejé a solas para que se duchara con tranquilidad y en privacidad. Ese espacio es muy importante y tampoco quería que se sintiera asfixiada o comprometida a que sí o sí teníamos que estar. Obvio la intención era esa. Pero sé comprender y si la idea cambiará no tendría problemas con ello.

Mientras ella se duchaba tranquilamente aproveché para buscar entre los cajones y en mi armario algún preservativo, sin embargo, no tuve éxito. No tenía ninguno. Ahí acepté que de verdad me había convertido en un bandido retirado. Estaba totalmente desarmado. Y ya nuestro momento dependía de dos cosas solamente.

La primera era asumir la responsabilidad y las consecuencias. En lo personal soy un hombre sano sin ninguna enfermedad contagiosa. Y, supongo que, Emanuela también lo es. La otra era evitar un embarazo no deseado. Y esta última sí que es compleja. Yo sí quiero ser papá algún día. Pero lo que menos deseo es que mi hijo o hija crezca sin sus dos padres. Y como dije al comienzo de esta historia. Las relaciones de ahora son desechables o de cristal. El amor ya no dura nada y los compromisos no se hacen realmente con el corazón, sino más por conveniencia. Y eso yo no lo quiero para mi vida.

**Antes de cometer cualquier locura tómate el tiempo necesario para pensarlo muy bien. Después no hay después.**

La cosa estaba compleja por donde se viera. No obstante, teníamos que ser dos personas altamente responsables con la decisión que pudiésemos tomar. Así que, me relajé un poco y esperé que saliera de la ducha para luego ingresar yo.

Confieso que me duché y mientras el agua gélida recorría mi piel desde la cabeza hasta el suelo se me pasaban mil cosas por la mente. Una era ¿y si ella entra por esa puerta desnuda y se mete a la ducha conmigo? Otra era ¿y si entro al cuarto y ella está todavía desnuda esperándome? Y cosas así. Tonterías que te hace pensar la mente cuando tienes muchas ganas de coger y coger a lo maldito.

Me duché y removí minuciosamente el sudor, la arena y la sal que te deja el mar en la piel y que te hace sentir pegajoso. Lavé mi pene con más detalle y limpié mi boca y mis dientes con tranquilidad. Me envolví en la tolla y abrí la puerta del baño para tener la vista completa de mi habitación. Y vaya sorpresa, ahí estaba ella. Estaba mejor de lo que lo me hubiese podido imaginar. Estaba procesando lo que veía y me dijo: —¿cómo me veo?

Sonreí y le respondí. —Te ves esplendida. Sexy y muy de casa.

—Me alegra que te guste. Es que en cuanto vi tu camisa me imaginé metida en ella y quise estar así para ti. me siento cómoda y libre.

—Pues te ves como la reina que eres. Y completé mi acto de aprobación acercándome a ella y besando su boca. Confieso que le quedaba hermosa una de mis camisas blancas que suelo usar con mis sudaderas deportivas. Son anchas y alargadas. Pero esta le quedaba tan bien que marcaba perfectamente la figura de sus senos y la punta de sus pezones. Y ni se diga que apenas daba para tapar su enorme trasero. Y como todavía no estaba seguro si debajo de mi camisa tenía algún hilo o panty puesto, la

La mujer que sabe lo que quiere nunca se rendirá hasta lograrlo. Aplica para todo.

abracé y acercándola contra mi pecho puse mis dos manos en su cintura para resolver mi interrogante. Efectivamente estaba desnuda. Todo su cuerpo solo se escondía de mi vista por esa única prenda, mi camisa.

Deslicé mis manos hacía su espalda y seguidamente las dejé llevar por la gravedad hasta su trasero. Lo apreté con deseo y fui hasta su boca para besarla frenéticamente. El calor del cuerpo se sentía más fuerte que nuca. Los besos empezaron lento y poco a poco iban cogiendo velocidad y se ponían más creativos. Los jadeos comenzaban a oírse más fuertes y la respiración era más profunda de parte y parte.

Al ritmo de los besos fue deslizándome mi toalla hasta el suelo y las manos de Emanuela se ubicaron en mis zonas erógenas y en mis puntos más débiles. Una en mis pectorales, la cual hacía que sus dedos jugaran con mis tetillas de una manera que me resulta complejo y a la vez riquísimo poder explicarlo. Su otra mano se ubicó justo sosteniendo mi miembro casi que erecto y, con ella lentamente me hacía un movimiento sensual y exquisito que me aceleraba el ritmo cardiaco.

Era majestuoso la manera en la que me besaba y me masturbaba a la vez. Le quité la camisa y quedamos completamente desnudos. Frente a frente y con el deseo más arriba de las nubes. La volví a besar y le tumbé en la cama. Puse una almohada en el suelo y arrodillándome sobre ella las tomé por sus piernas y la halé hacia mí. Las abrí un poco y colocando una de ellas sobre mis hombros me acerqué hasta coño húmedo y rosado para practicarle un rico oral. En mi mente estaba darle el mejor oral de toda su vida. Cuando coloqué mis labios en su clítoris de inmediato su

Para tener un buen sexo es importante olvidarte de los modales y de los límites.

cuerpo empezaba a temblar y retorcerse. Sus manos llegaron a mi cabello y de vez en cuando me lo halaba con la misma intensidad de sus gemidos.

Los jadeos se escuchaban cada vez más intensos hasta que pronto pasaron a ser gemidos a viva voz. Esa parte de su lado perverso se activó cuando comencé a introducir mi lengua lentamente una y otra vez en su entrada. Pero aprovecho para confesar que me excitaba la música de sus gemidos y su piel enchinada cuando bajaba hasta su culo para lamerlo y rodearlo con mi lengua. Siempre he sido fiel creyente que, a la mujer hay que saberla desnudar, sabérsela coger y darle como más le gusta tanto en la cama, como en el corazón. Solo de esa manera no saldrás de su cabeza ni de su piel. Un bien amor y un rico sexo es el amarre perfecto.

Mientras le practicaba un rico y excitante oral implementé diferentes técnicas. Como, por ejemplo, el lamer su culo y rodearlo con mi lengua, escupirlo y chuparlo. Le mamé su clítoris dándole al final chupones largos de esos que suenan cando este se te escapa de la boca. Le di varios minutos de lengua sin ninguna piedad en su punto más caliente y a toda velocidad. Y así repetí una y otra vez ese momento tan único y especial.

Los buenos preámbulos son la puerta a intensos orgasmos. La boca y lengua se usa para lamer y no para herir.

El sabor de sus fluidos y el olor de su intimidad era el veneno que más me excitaba y que me dañaba la mente. Sabía a rico y olía muy bien. Y creo que ingerirlo de vez en cuando me mantenía como metal, al rojo vivo. Me parecía riquísimo estar postrado frente a ella lamiendo su clítoris y levantar mi mirada y divisar su carita de ángel y de puta por en medio de sus senos.

Uf... y eso era alucinante y me hacía flipar sin cesar.

Sus senos están como un volcán en actividad sísmica. Parecía que explotarían de deseo y de placer. Me gustaba mucho cuando, aparte de verme ensañado en su clítoris, bajaba su mano hasta allí para tocarse también. Y estaba desarrollándose tan profundamente perversa ese momento, que de repente de su boca salió esa palabra mágica que más me gusta que me diga una mujer en el sexo.

—Ven. Bésame y cógeme. Te necesito ahora mismo.

Seguí jugando con su clítoris y con su entrada, pero oír eso me hizo sentir que iba en la dirección correcta. Entonces no le hice caso y la volteé. Quedó boca abajo con su enorme culo apuntando hacia mi cara y con su coño más húmedo que helado derritiéndose. Y en ese momento supe que era mi mejor momento para hacer un trabajo impecable y fenomenal en ese bello trasero.

Para romantizar el momento empecé besando sus pies y lamiendo sus dedos con ternura. De ahí comencé a subir por sus piernas, pasé por sus nalgas, recorrí sus caderas y su espalda con mi lengua hasta llegar a su cuello. Le

Nunca te desnudes con alguien que no sabe cómo hacértelo rico y bien. No pierdas el tiempo así. Mereces cogidas de calidad.

besé los oídos y también la boca. Emanuela estaba tan sedienta de placer que sus ojos parecían de otro color y su cara era otra. Literalmente la de una puta en celo. Pero en este caso, la de una puta realmente hermosa y exclusiva que decidió ser la mayor parte de su vida una niña de bien.

Mi pene estaba demasiado erecto y húmedo. Lo acomodé en medio de sus piernas y puse su cabeza justo en la entrada de su coño para que se conocieran y para que ella pensara que iba a penetrarla. Y si lo pensó pues estaba equivocada porque mi oral apenas estaba por comenzar. Estando allí en su cuello le susurré al oído algo que me tenía aun pensado.

—Bonita, no tengo protección y sé que es arriesgado que follemos así. Sin embargo, quiero que sepas que eso no impide que me siga ensañando en tu coño ni en tu rico culo lo que le falta a la noche.

—Lo sé. Es arriesgado. Pero si lo dices por lo de un embarazo no te preocupes. Hace ya dos años que uso el dispositivo del brazo para evitar eso. No obstante, respecto a la falta del condón dime tú realmente si después de todo lo que sabes de mí podría mentirme. —¿dime?

—No te entiendo. Explícate. Y mientras ella tomaba aire y movía lentamente su cadera y contraía los labios de su vagina que humedecían más mi miembro. Respondió.

—Sé que es irresponsable, pero supongo que eres una persona sana y, que al igual que yo, esta sería la excepción de follar sin protección.

—No te equivocas, eres mi sí a todo y esto es una muestra de ello.

Me miró por encima de su hombro y nos dimos otro rico beso. En ese momento ya todo estaba claro y nada impediría ese gran momento.

Me alejé de su oído, de su boca y de su cuello y me dejé deslizar por su espalda, pasé por las curvas de su cintura y antes de posicionarme en su culo, le di algunas palmadas en las nalgas y también pequeños mordiscos. Eso la puso muy

> El sexo se trata de complacer, de dejar huella y de causar buenas impresiones. Si haces bien la tarea te vuelven a buscar y, por ende, repites.

cachonda y no podía esconderlo y tampoco callarlo. No olvido lo excitante que me resultó que me dijera —clávame, hijo de puta. Cómete todo eso que estás viendo y que es solo para ti. hazme tuya y lléname el coño con tu leche. Lo necesito, insistió…

Sinceramente las palabras sucias juegan un papel auditivo muy importante. Estoy seguro que el sexo es ese escenario natural donde puedes perder y romper tus modales sin miedo a nada. En la intimidad si cuentas con un buen cómplice lo de menos es dejarte llevar y ser tú. Y si te dejan ser tú, no dudes en ser el incendio que nunca fuiste.

Acomodé la almohada en el piso y volvía arrodillarme justo en frente de su culo. Puse cada una de mis manos en sus nalgas y separándolas lentamente dejé al descubierto los dos agujeros de la entrada al mismísimo infierno. Lo escupí y acercándome con la cabeza en llamas comencé a mamarle el culo y a meter mi lengua lo más profundo que pudiera. Su piel de inmediato se enchinó. Sus caderas se movían al ritmo de mis besos y su coño lubricaba en cada beso. No resistió más de tres minutos de placer intenso y exclamó:

> Después de comer y dormir, la tercera cosa más rica del mundo es COGER. Y más si es con alguien que te lo sabe hacer bien.

—Clávame. Estoy por correrme. ¿qué diablos me has hecho?

—No, todavía no es el momento. Quiero que te corras en mi boca, en mi lengua y en mi cara. Este primer orgasmo de muchos, es mi trofeo. Así que, no te niegues a dejarme beber ese elixir de tu cuerpo.

—Está bien. Qué rico eso que me dices. Me calientas el doble, sabes…

Entonces continué haciéndole el amor con mi boca y mi lengua hasta que sus jadeos al igual que sus caderas fueron tomando velocidad. Y justo antes de que pudiera correrse, giré su cuerpo y colocándola boca arriba fui hasta su coño y succionando su clítoris con delicadeza y rosándolo con mis dientes, la reina de la noche empezaba a correrse con libertad. Al principio tuvo un orgasmo normal como el de cualquier mujer, sin embargo, continué chupando su clítoris y metí en su coño uno de mis dedos y acelerando el movimiento de penetración, Emanuela vio cómo su cuerpo experimentaba movimientos involuntarios. Temblaba casi todo. Sus gemidos estaban en la cúspide del placer y como ya se había corrido a lo normal, quise que conmigo rompiera por primera vez ese límite y se corriera en squirt, de ser posible. y eso era lo que estaba a punto de lograr.

—Me gusta. Qué ricio me lo haces.

—Disfrútalo y déjate llevar que quiero que te corras a lo maldito conmigo.

—Dime que soy tu puta.

—Eres mi puta y desde hoy vas a ser mi puta favorita.

Y continué jugando con mis dedos a más velocidad y también con mi lengua. Cuando de momento comencé a sentir las contracciones de su coño en mi dedo. Sus manos empezaron a tirar de mi cabello y su cintura se aceleró exponencialmente junto con sus gemidos. Y intentando alejarme de su coño a la fuerza se le escapo un grito excitante y desgarrador.

> Coger va más allá de desnudar y penetrar. Coger es usar todos tus sentidos para tocar puntos débiles y despertar pasiones que otras personas no pudieron.

—Qué ricoooooo. Me correré. Y a los pocos segundos empezó a correrse. Y cada vez que sacaba mi dedo junto con él salía el chorro más bonito que enloquece a cualquier hombre. Era curioso ver el chorro que salía al meter el dedo unas quince veces y al frotar su clítoris. En cada eyaculada sus jadeos eran intensos, eran reales y eran nuevos. Y ese tipo de huellas son las que hay que saber dejar en una mujer.

Mi pecho quedó lleno de sus fluidos. Mi cara y mi boca también. Las sabanas y el suelo. Y como en todo acto sexual, me recosté junto ella y consintiendo su cabeza fui logrando calmar su sistema nervioso. Su respiración y su euforia sexual.

Estaba satisfecha. Se sentía extraña y también avergonzada por lo que acababa de suceder. Quizá por el hecho de haber mojado mi cama y por llenar mi cuerpo con su squirt. Pero muy en el fondo de su mirada pude notar su felicidad por ese orgasmo nuevo que experimentó por primera vez conmigo. Y ser yo ese primer hombre que sin usar su pene había logrado eso, me dejaba con el ego muy por lo alto.

—¡Por Dios! —¿qué fue eso? Discúlpame.

—Tuviste un magnifico squirt, mi querida niña de ojos bonitos.

—Pero vamos, nunca me había pasado. Qué locura de sensaciones. Es que es imposible controlarte y solo quieres acelerar y cuando te das cuenta estás literalmente orinándote a chorros.

Nunca cometas el error de tener sexo básico con la persona que te gusta para **TODO.**

**HAZLE DE TODO.**

—Sí. Es tal cual lo dices y quería ser ese primer hombre que haya podido hacer que sintieras eso tan intenso. —¿lo disfrutaste?

—Que vamos, lo he disfrutado de principio a fin. Estuvo maravilloso y liberador. Me has dejado sin energía. Y lo más chistoso es que no has tenido que usar tu rica verga para nada. Me tienes literalmente flipando por tus habilidades. Se nota que eres de muchas buenas experiencias. Y eso te convierte en un hombre altamente exquisito y peligroso.

—¿Peligroso?

—Sí, peligroso. Porque a una le gusta un tipo que sea bueno en la cama, bueno en el amor y que tenga metas y objetivos claros. Y creo que tienes todo de eso en su punto exacto.

—Ah, entiendo. —Te traeré pañitos para que puedas limpiarte. Y después iré a ducharme.

—Vale. Sí, por favor.

Se los entregué y antes de irme a la ducha le di otro beso. En el fondo estaba sumamente feliz y me sentía más que realizado. Pero bueno, nuestro polvo aún estaba planillado para esta noche. La balanza estaba en desequilibrio. Pues ella llevaba ya su primer orgasmo y yo iba en ceros. Y la medida exacta para todo siempre es y será la reciprocidad. Pensé en muchas cosas mientras me disponía a bañarme. Una de ellas era si esto que estaba viviendo era un sueño del que pronto despertaría. Era muy perfecto para ser real y eso me hacía cuestionarme. Pero supe que lo era cuando al chorro de la regadera con agua fría impactó en mi cabeza y comenzó a deslizarse por mi cuerpo.

Dejé que el agua fría lavara mi piel un momento y que consigo se llevaran mis pensamientos tontos. Estaba por aplicarme jabón cuando de repente vi a Emanuela entrando por la puerta. Desnuda, con el pelo suelto y con su carita de puta reluciente.

Nunca sabrás lo mucho que te gusta coger hasta que coincides con alguien a quien le gusta el sexo más que a ti.

Se detuvo un poco frente al espejo y se cogía las tetas y las masajeaba mientras se veía así misma. Eso de golpe me puso en una brutal erección. Abrió el cristal de la ducha e ingresó caminado en punta de pies y se colocó debajo del chorro de agua mientras nos besábamos. Me besó el cuello y en breve se desplomó por mi pecho, chupó mis tetillas, se escurrió por mi abdomen y comenzó a lamer mis huevos con delicadeza y también con algo de violencia. Me enloquecía como lo estaba haciendo. Era la primera vez que una mujer se metía mis huevos en su boca y los apretaba con sus labios. Se sentía rico y a la vez escalofriante. Era como entregarle tu alma al diablo. Era como confiarle una pistola con balas a un niño. Era como caminar por un campo minado.

Lamió y jugó con mis huevos por algunos dos o tres minutos. Después de eso tomó mi pene erecto, lo escupió y comenzó a hacerme una rica paja con sus dos manos. También usó sus tetas para practicármela y me hizo esclavo de sus labios y de su garganta profunda.

Excelencia y calidad por donde lo viera. Ella estaba realmente convencida de que quería darme un momento espectacular también. Y lo estaba llevando a cabo a la perfección como toda una profesional.

RICO ES SABER USAR LA LENGUA PARA ADULAR Y COMPLACER; Y NO PARA HERIR.

En mi vida he sido testigo de muchos orales que me han hecho, no obstante, este estaba superando todos los anteriores.

El gusto, el deseo, el lugar, el momento, la maldad y la perversión reciproca que nos invadía quizá fue ese detonante ideal para ser lo que fuimos y para comernos como nos comimos. Sinceramente cada vez que me acuerdo de ese momento solo se me pasa por mi cabeza llamarle y decirle que regrese a casa y que repitamos esa escena tan espectacular.

Sus tetas y el gel de baño y hasta el sonido del agua de la regadera fueron los culpables de que mi orgasmo saliera como una bala y chocara contra su cara, su cuello y su pecho. Era alucinante ver como el agua se llevaba cada gota de semen de su cara hasta el suelo.

Parecía enfermarle de pasión ese momento. Y, en lo personal, a mí me gustó muchísimo su técnica y la manera en que sostenía mi miembro que aun eyaculaba pequeñas gotas de semen y lo estrellaba contra su cara y contra sus pechos. No sé describirte en este mismo momento lo rico que se siente que una mujer juegue así con la intimidad de un hombre. Es verdad que la penetración es lo más flipante que existe, empero, que los preámbulos tengan más protagonismo antes de la penetración es cosa de otro mundo. Es sinceramente algo demasiado poderoso, atractivo y, sobre todo, es un amarre efectivo. Pues bien, ella y yo íbamos uno a uno. Es decir, ya cada quien había hecho su trabajo con su boca de la manera en que mejor sabía hacerlo. Y ya habíamos comenzado el recorrido del camino del sexo lentamente. Exquisitamente y sin ningún manual. Lo que sucedía entre los dos se daba desde la reciprocidad y desde el deseo, pero también quizá un poco desde el amor. —Qué sé yo... ese sentimiento puede surgir de la nada y convertirse en todo. O ser todo y volverse nada. Entonces mejor no me enfoco en ello.

Después de ese rico orgasmo yo lavé su espalda, sus nalgas y también su zona íntima delicadamente. Ese momento me hizo sentir como si ella fuese mi pareja de toda la vida. Supongo que, cosas como estas y momentos como este deberían tener todos los enamorados, los amantes y los solteros del mundo. El sexo no solo te hace sentir vivo, el sexo te libera, te renueva, te recarga y te motiva a seguir brillando. De verdad todavía me cuesta

Cuando se quiere algo con mucha intensidad, ese algo realmente sucede. Y el primer paso para que suceda, es arriesgarte.

entender cómo es que hay gente que no entiende lo chimba que es coger, lo rico y placentero que es vivir el sexo sin importar cómo ni cuándo. No es lo mismo que uses a diario un juguete sexual, a que alguien te llene de besos, de caricias, te ponga en cuatro y te dé pasión de la buena. No tiene comparación. De verdad no la hay.

Terminamos de ducharnos y nos fuimos a la cama. Ella nuevamente usando mi camisa larga de color blanco sin nada de ropa íntima. Y yo solo en bóxer. Seguidamente nos pusimos algo en la tele para intentar relajarnos y quizá hasta poder conciliar el sueño por un par de horas.

El mar cansa el cuerpo físicamente. Los orgasmos te hacen dar ganas de dormir y, además, cuando te acuestas de cucharita con tu persona favorita es cien por ciento seguro que te duermes con mucha facilidad. Y eso nos ocurrió. Minutos después de acomodarnos en la cama nos quedamos profundos.

Puedo asegurar que dormimos por más de cuatro horas. Y desperté porque Emanuela se levantó para ir a la cocina por algo de agua. Y verla caminar así semidesnuda desde mi cama hasta la puerta del cuarto fue algo que nuevamente me puso las ganas activadas. En el fondo era innegable para los dos que necesitábamos follarnos de verdad; entonces esperé a que regresara para hacérselo saber con un par de besos o consintiendo su cuerpo. Estaba seguro que ya estaba listo mentalmente para besarle de nuevo todo y para penetrarla con todas mis ganas, con todas mis ansias, con todas mis fuerzas y resistir hasta que me regala de nuevo su mejor gemido y orgasmo.

SI QUIERES QUE ALGO SALGA BIEN Y TE HAGA FELIZ, NO LO FUERCES. DÉJALO FLUIR.

Todavía se oía en la cocina y mientras ella estuvo allí aproveché para tocarme un poco y ponerlo full erecto. La idea era que llegara y al acostarse a mi lado lo sintiera duro. Pensé que de ese modo entendería con más facilidad lo que quería que ocurriera. ¿Y sabes algo? No me equivoqué.

Llegó nuevamente a la habitación con un vaso de agua para mí. Y ese gesto fue demasiado bonito, lo acepto. Esperó a que me lo tomara y se levantó del borde de la cama donde estaba sentada y fue a dejarlo sobre el mueble donde estaba la tele. Se dio la vuelta y se acercó un poco y frente a mí se desnudó por completo.

Y nuevamente me dijo esas palabras mágicas que me despiertan hasta el demonio más aburrido que habita mis infiernos.

—¡Cógeme! Quiero que este tiempo que le falta a la noche para irse me hagas gemir y me enseñes a correrme como tu puta favorita. Hazme todo lo que desees que me urge ser tuya y que seas mío. No pensemos en lo que seremos o en lo que tendremos más adelante. Tú solo cógeme y deja salir a esa bestia indomable que vive dentro de ti. hazme arder.

—Me encantas demasiado. Qué rica te ves desnuda y qué perfecto es tu cuerpo. Además, que, tu mentalidad es excitante también. Claro que te cogeré, pero déjame también hacerte el amor después de que nuestros cuerpos queden extasiados de tanto conocerse… —¿vale?

—Acepto…

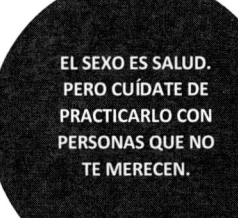

EL SEXO ES SALUD. PERO CUÍDATE DE PRACTICARLO CON PERSONAS QUE NO TE MERECEN.

Fue todo lo que me dijo antes de meterse en mi cama nuevamente en total desnudez.

Me quité el bóxer que tenía puesto. Mi pene estaba súper erecto y sus venas parecían que iban a explotar. Su cabeza en forma de hongo estaba toda afuera y más expandida de lo normal. Y a ella le gustó cogerlo, agacharlo en contra de su ángulo de erección para que al soltarlo se estrellara contra mi parte baja del ombligo.

Lo hizo por algunas tres o cuatro veces y después de eso lo cogió con su mano izquierda, se echó su cabello su otra mano por encima de su hombro y me lo escupió. Fue para lubricarme un poco y comenzó a bajarme la piel de arriba abajo lento y hasta el tope. No lo perdía de vista y luego acercándose a él, lo metió en su boca y comenzó a mamar de una manera más apasionada y delicada que la anterior.

Me hizo también garganta profunda, mi favorita. Y ahí aproveché a poner una de mis manos en su cabello para poder sostener su cabeza para que durara más tiempo con todo mi miembro en su garganta. Atragantarse parecía gustarle mucho.

Le excitaba sentirse ahogada mientras me hacía esas maravillas con su boca y su garganta. Y a mí me excitaba bastante ese sonido que se producía cuando se lo tragaba todo sin escrúpulos.

Pasaron algunos minutos practicándome ese oral exquisito y sin dejarme levantar de la cama juntó bien mi miembro contra mi ombligo para evitar ser penetrada y colocó su clítoris sumamente caliente y húmedo sobre el cuerpo de mi pene y vino hasta mi boca para besarme. Sus caderas hacían estragos en cada movimiento. El roce sin penetración es algo demasiado excitante y rico. De hecho, pensaría que, los roces son mucho mejor que una penetración. Puesto que, es hacer sentir de todo y llevar el deseo de alguien a un máximo nivel sin la

Los buenos preámbulos causan buenos orgasmos. No es el tamaño, es la técnica. RECUÉRDALO SIEMPRE.

necesidad de poseer su cuerpo ni estar dentro de él. Y lo que no se posee se disfruta más.

Me tenía matado su movimiento pélvico que me llenaba de ansias poder penetrarla, pero ella seguía besándome y calentándome más. Y mientras lo hacía me decía con la voz entre cortada; —amo tu verga. Me excita lo dura que se pone y lo gruesa que es. Ya quiero tenerla toda dentro de mí y que te corras dentro sin piedad y sin miedo. Qué falta me hacía una rica follada, pero jamás imaginé que fuera tan especial.

Des entrelazó sus labios de los míos y se acomodó colocando todo su coño en mi cara y trayéndolo hasta mi boca me miró con su cara de puta hermosa y me dijo como si fuese mi dominatriz:

—chúpamela rico y caliéntame mucho que me quiero sentar en tu verga.

—Tú solo ordéname y yo te cumpliré, le dije con mi deseo en los labios.

Mis manos estaban en uno de sus senos y la otra en su trasero sujetándolo para facilitarle sus movimientos pélvicos. Mis labios no paraban de chupar, lamer y succionar su clítoris; y mi lengua en cuanta oportunidad tenía no la desperdiciaba para entrar en su coño y también en el fondo de su culo. Y así permanecimos por varios minutos, supongo que, unos diez o doce minutos. Pero todo cambió de repente cuando lamía su culo y ella comenzó a moverse frenéticamente. Aceleré los movimientos de mi lengua para hacer que se corriera de nuevo y al instante me dijo:

Quédate donde te amen bonito, donde te cojan rico y donde tengas a diario más orgasmos que tristezas.

—No, espera que me quiero venir y deseo que sea sentada en tu verga. Hazme llegar a lo más alto que puedas y vuela junto a mí. Entonces me detuve y rápido se acomodó, tomó mi miembro con una de sus manos y lo puso justo allí en la entrada al paraíso. Y lentamente fue sentándose en él mientras me veía y mientras yo veía como sus piernas y su abdomen temblaban.

Terminó de sentarse totalmente en mi pene y su cara era distinta a todas esas caras que ya había conocido de ella. Esta vez era más sexual y más de puta. Y eso me excitaba mucho.

Su apariencia múltiple me despertaba más pasiones. Cuando estuvo toda penetrada hasta con mi último milímetro de miembro, me acomodé. Puse mis manos en su cintura y comencé a besarla y a chupar sus tetas paraditas y naturales. Y a la vez hacia que mis brazos le ayudaran a acelerar sus movimientos pélvicos. Y así hasta que Emanuela me abrazó más fuerte que de costumbre y acelerando su cintura empezó a gemir fuerte y a decirme —dame más, dame más. Y seguidamente se corrió y su cuerpo, en especial sus entrepiernas vibraban bastante. Supe en ese momento que era mi oportunidad para cambiar de pose y darle la mejor clavada de su vida.

CUANDO TE DESNUDES CON ALGUIEN NO TE NIEGUES A NADA QUE TE HAGA FELIZ O TE HAGA SENTIR RICO.

Sin sacárselo logré ponerme de pie, elevarla conmigo y cogérmele en el aire usando mi fuerza bruta. Y así le di y le di sin parar. Sus gemidos eras demasiado excitantes. Por mis piernas caigan parte de sus fluidos y desde adentro su coño apretaba y succionaba mi pene sin piedad.

Emanuela llegó a tal punto de excitación que me dijo:

—Detente. Sácamelo. Ya no resisto más, me has hecho venir más de dos veces.

La besé y le dije: —No, aun viene la mejor parte. Y sin darle tiempo de hablar la tumbé en mi cama, justo que su coño quedara en el borde del colchón. Me acomodé bien y colocando sus dos piernas en mis hombros volví a penetrarla. Estaba resentida un poco, pero ella y yo sabíamos que estábamos al borde de conocer su segundo squirt.

**Consejo importante:** En el amor y en el sexo hay que dejar huellas bonitas. Si amas bien a una persona, el tiempo hará que te supere, pero jamás que te olvide.

Y, en cuanto a la intimidad, si lo sabes hacer bien y sabes complacer sexualmente a alguien, ese será tu currículum. Y de ahí en adelante pasa como en los trabajos donde, si tu currículum es bueno, te llaman y así renuncies un día, te volverán a llamar.

—Detente. Sácamelo y bájame. Ya no resisto más, me has hecho venir más de dos veces.

La besé con pasión y empedernido le respondí: —No, aun viene la mejor parte. Y sin darle tiempo de hablar la tumbé en mi cama y la puse justo que su coño quedara en el borde del colchón. Me acomodé bien y colocando sus dos piernas en mis hombros volví a penetrarla. Estaba resentida un poco, pero ella y yo sabíamos que estábamos al borde de conocer su segundo squirt. Y esa oportunidad por obvias razones era algo importante para mí que no pensaba desperdiciar por nada de este mundo.

Cualquiera sabe coger, empero, no todos logran darle a una dama un buen orgasmo y menos hacerle tener un rico squirt. El hombre moderno solo busca complacerse a sí mismo y olvida de golpe lo importante que es para una mujer quedar bien satisfecha sexualmente. Por ello, aconsejo que el día que tú te vayas a desnudar con alguien exija que se lo coman muy rico. Dele esa oportunidad de hacérselo saber a la otra persona. Y si esa persona no hace bien su trabajo sexual, entonces no vuelva a repetir nunca más ese polvo porque será inevitablemente una pérdida de tiempo. Y el tiempo es algo que no se vuelve a recuperar nunca.

Emanuela gemía desesperada y, a pesar de tener sus piernas sobre mis hombros y estar muy penetrada no se resistió y comenzó a frotar con su mano su clítoris con mucha rapidez. Desde dentro su coño empezaba a contraerse demasiado y cuando bajé la mirada noté que comenzaba a salir parte de sus fluidos en forma de chorrito. Y fue en ese momento donde aceleré con mucha picardía y perversión el ritmo de mi cintura que se

Los gemidos que no se fingen son el real veneno de la pasión. Son el amarre.

podía oír a metros de distancia el sonido de mi intimidad estrellándose con la suya.

Me mantuve firme por un poco menos de dos minutos y cuando sus piernas entraron en un ataque nervioso que las hacía temblar involuntariamente, me acerqué y le susurré cerca de su boca —me quiero correr ya. Me miró y mordiéndose un poco los labios me respondió; —hazlo, hazlo, hazlo. Córrete de una vez. Acaba con esto...

Y así fue, después de sus palabras sexosas en dos o tres cinturazos estaba corriéndome internamente en su coño. Fue una maravilla total, sin embargo, el postre verdadero fue cuando Emanuela se corrió después de mí expulsando un chorro de fluidos más grande que el de la primera vez. La cama quedó mojada de nuevo, el piso y también mi abdomen. Nuestros cuerpos estaban empapados de sudor. Mi pene no dejaba de palpitar y lubricaba líquidos de color blanco. Algunos eran míos y otros eran de ella.

Sus piernas temblaban de manera involuntaria. Sus tetas parecían que querían explotar. Su coño palpitaba continuamente y se contraía liberando en cada contracción un poco de mi esperma. A decir verdad, era bastante. Puesto que, había depositado en el interior de su cuerpo hasta la última gota que había en mis testículos. De eso estaba seguro porque en ese orgasmo sentí que también expulsé mi alma.

Era excitante ver los estragos de nuestra faena después de una hora larga de sexo y preámbulos. Su cara y la mía lo decía todo. Pero, al verla así sentí que nos faltaba algo más. De algún modo ella me había hecho saber en el

Si vas a desnudarte con alguien haz que valga la pena o de lo contrario no te desnudes. Ni un polvo ni el amor a medias.

momento del primer oral donde no hubo

penetración que le gustaba que jugara con su culo.

Y no era una invención mía, fue que oí claramente más de tres veces mientras le mamaba su culo —ese culito es tuyo, cómetelo, rómpemelo, haz lo que quieras con él. Y justo ahora que lo veía también palpitante y lleno de mis fluidos recordé que aún me faltaba ese premio por reclamar. Solo que, antes de usar preámbulos para lograrlo, era necesario recuperar el aliento y tomar una ducha con agua fría. Los dos lo necesitábamos con urgencia.

Eran casi las dos de la madrugada y supongo que alguien detrás de las paredes de este piso nos oyó. Pero eso es algo que realmente no importa si al final se pasó exquisitamente delicioso el momento.

Fui hasta la cocina desnudo y tomé un vaso de agua y regresé con uno para ella. Estaba sentada en la cama limpiándose con paños húmedos el desastre que nos quedó en la piel después de nuestro encuentro sexual. Al verme entrar por la puerta me miró y me sonrió. Tomó el vaso y se bebió el agua casi que sin detenerse y sin respirar. Estaba tan sedienta como yo.

—¿quieres más agua? Le pregunté.

—Sí, por favor. Gracias.

—Vale. Ya regreso. Y me fui por lago más de agua y me pasé por el patio de ropas para traer otra toalla para ella. Puesto que, la anterior terminó llena de nuestros fluidos.

A veces tu mejor gym se llama **COGER.**

En breve regresé con más agua y se la di. Bebió casi medio vaso y lo colocó sobre el mueble de la tele. Le di la toalla limpia y fue a ducharse mientras yo buscaba sabanas limpias para reemplazar las existentes. El desastre era notable.

La habitación olía demasiado a sexo. Y ¿a quién no le gusta ese olor? Era la primera vez en años que mi cuarto recuperaba ese olor. Tendí nuevamente la cama y fui al cuarto de aseo por la fregona y algo de limpia suelos. Lo humedecí un poco en la poceta de la cocina y regresé al cuarto para fregar el piso. Y mientras lo limpiaba me sentí muy macho y orgulloso de mí por esa gran actuación. Con ella era la segunda mujer entre siete con las que me había acostado en toda mi vida, las que he hecho correr así de rico.

Y, entre ellas dos, Emanuela fue la que me llevó más tiempo. Era la más bella y era la que más me había hecho flipar con la magnitud de su squirt. Su chorro fue con presión, prolongado y voluminoso. Para mí era todo un trofeo que, de haber podido, lo

Grabar mientras coges es una de las cositas más ricas que existen. Sobre todo, si es un boomerang sacándolo y metiéndolo.

hubiese grabado para reproducirlo una y cien mil veces.

Era algo que, a pesar de que había ocurrido hacía ya unos minutos, todavía mi mente no dejaba de procesarlo. Sinceramente es inexplicable para uno de hombre, pero eso le sube el ego hasta la cúpula del cielo a cualquiera. Y también a la mujer. Porque, aunque una mujer se acueste a diario con muchos hombres, es escaso que entre ellos haya uno que por lo menos la haga correr sin que ella tenga que fingirlo.

Tomó su ducha pacientemente y al salir de allí me abrazó. Me besó y mirándome a la cara dijo: —Me gusta mucho como me coges. Me duele todo mi cuerpo, en especial mi parte baja, sin embargo, me encanta como me la haces. Tienes una polla realmente riquísima y gruesa. Te juro que repetiría contigo las veces que sean necesarias y tiempo de sobra para seguir conociéndonos sé que tenemos a favor. A menos que, después de habernos acostado y que me vaya ya no quieras saber más de mí.

—Vamos, pero ¿qué dices? Si lo que más quiero es compartir contigo todo lo que Dios y la vida me lo permitan.

—Me parece bien. También opino lo mismo y creo que, lo mejor para dejar de estar a la deriva es que desde ahora tengamos una relación. Es decir, que nos tratemos como novios y que dejemos fluir las cosas por si el destino nos quiere juntos.

—Joder, estaba por decirte lo mismo. Claro que deseo y quiero ser tu novio y que seas mi novia. Una vez más te digo, contigo sí a todo.

Y después de esa pequeña plática cerramos nuestro compromiso y pacto con otro beso apasionado. Solo que esta vez no se sintió con el dulce sabor del deseo, sino con el riquísimo sabor del amor. Fue un beso diferente que me tuvo que llegar en ese momento hasta el rincón más oculto y remoto de mi alma y corazón.

Me sentí enamorado. Me sentí atrapado y a su vez me sentí inmensamente feliz después de muchos años de soledad. Pero dejé de darles vueltas al asunto y me fui a duchar. Ya era justo un descanso y la idea de poder comerme su culo esta noche, había menguado. Sin embargo, como ya teníamos un compromiso de noviazgo de por medio, estaba seguro que en cualquier momento iba a poder tener sexo anal con ella. Que esa era otra manera de hacerle experimentar sensaciones que en su vida

> Se dice que, hay cogidas que son tan ricas que te hacen encular para siempre. Y ese amarre es tan fuerte como el amor.

querrá repetir muchas veces. De hecho, si una mujer en algún momento experimenta un verdadero, agradable y delicioso sexo anal, desde ese día no tendrá ninguna relación sexual sin que quiera saltarse ese paso.

Me fui a duchar más feliz que un niño estrenando juguete. Salí de allí y apagué todas las luces del piso y me metí en la cama desnudo. La abracé de cucharita y esta sería la primera noche en más de tres años que me dormía y me despertaría junto a una mujer tan hermosa como lo es ella. La madrugada se nos pasó demasiado rápido que pronto la alarma de mi celular indicaba las ocho de la mañana. Aproveché para ir a cepillarme los dientes y después a hacer café y el desayuno.

Me tardé más de cuarenta minutos en prepararme dos tortillas de huevo con jamón, unas tostadas con aguacate, café y también exprimiendo unas naranjas. Organicé la mesa y serví todo. Luego fui hasta el cuarto para despertarle y que me acompañara a desayunar. El cual fue un gesto muy lindo que con pocas personas he tenido. Pero ella lo merecía todo y hasta más.

Me acompañó hasta la mesa y juntos tuvimos nuestro primer desayuno como novios. Supuse que iban a ser miles lo que tendríamos. Emanuela quedó encantada con mi presentación y con los sabores. Y en pago de ello, se colgó a mi cuello y me llenó de besos. Fuimos después de comer hasta la cocina y lavamos los platos juntos. De ahí

pasamos hasta mi estudio de fotografía y allí le tomé varias fotografías usando mi camiseta blanca que apenas lograba taparle un poco su intimidad.

HAY MOMENTOS NO TIENEN FOTO. Y ESOS MOMENTOS FELICES SON LOS QUE JAMÁS SE OLVIDAN.

Me quedaron guapísimas las fotos. Después me tomaría el tiempo de editarlas y darle los matices que necesitaran porque en lo personal quería que esas fotos fuera mi recuerdo más valioso de todo lo que pasó entre los dos la tarde anterior y durante la noche y la madrugada.

Tengo muchas películas en mi cabeza de todas las fotos que he tomado, sin embargo, las de mi chica daban hasta para un día montar una pequeña exposición al público y monetizar nuestro momento más casero y romántico.

En la fotografía cualquier cosa puede suceder. Mira trabajo lo lejos que me ha llevado y mi historia en lo que se ha convertido en tan poco tiempo. Emanuela se marchó de la casa antes de las diez de la mañana. Yo la llevé hasta su casa y después de ello me centré en mis cosas y en mi trabajo. Respecto al sexo puedo confesarles libremente que con ella nos cominos por más de dos años desde el alma hasta la sombra. Después de esos dos brutales squirt en mi casa repetimos la escena miles de veces. Podría decirles que teníamos sexo casi día de por medio, excepto esos días del mes donde su regla nos lo impedía. No obstante, también lo hicimos algunas veces estando así. Y de la manera que fuera nos resultaba rico, intenso y adictivo. Su coño y mi polla parecían

EL mejor sexo siempre sucede cuando hay química, conexión o amor. Y dichosos los que hallan en una sola persona las tres cosas a la vez.

amarse más que nuestros propios corazones. En el sexo nos entendíamos demasiado bien.

Con el sexo frecuente también creció el sentimiento, el amor y el deseo. La gente podía decir que éramos dos personas insaciables esclavos de la ninfomanía. Y si lo dijeran no se estarían equivocando en nada. Con esa mujer tuve todos los orgasmos de esta vida y de la otra. Su coño era preciso y me creaba un tipo de adicción sádica. Días después en que probé su culo este suertudo hombre estaba totalmente amarrado a ella sexual, emocional y físicamente. Su compañía en general me hacía mucho bien. Con decir que, tuvimos noches en las que teníamos relaciones cuatro o cinco veces, y de esas cinco tres de ellas por petición de Emanuela quería que fueran en su culo y no en su coño. Parecía gustarle demasiado el sexo anal y eso a mí me enfermaba sexualmente.

Con ella realmente conocí lo que es coincidir con una mujer que de verdad quiera coger y, que por más que le des orgasmos en la cama siempre quiere más y más. Eso es sumamente excitante. En los primeros meses los dos bajamos algunos kilos a cusa del cardio que hacíamos a diario. Sacamos adelante su proyecto con las prendas de lencería y con sus trajes de baño. Y le fue tan bien que, pronto abrió un local cerca al centro de la ciudad y se hizo a muchos buenos clientes entre turistas y oriundos de la isla.

Su producto se propagó por las redes sociales como si fuese un virus incontrolable y, eso hizo y hace hasta la fecha que, en su mayoría, todos y todas los que visitan esta bella isla se pasan por la tienda de Emanuela y hagan su compra para el verano.

El único sueño imposible de alcanzar, es ese que no se intenta por miedo. Todo es posible mientras haya aire en los pulmones. Recuérdalo siempre.

Sus mejores temporadas van desde mayo hasta mediados de septiembre.

Ese emprendimiento voló tan alto que, también abrió franquicia en Barcelona junto al mar y en Mallorca. Y eso, por una parte, hace que ella y yo a veces tengamos que estar algunos días separados. Sin embargo, cuando los kilómetros nos separan el sexting nos mantiene unidos.

A ella le regalé varios juguetes sexuales y me gusta que los lleve cuando se va de viaje y no puedo ir con ella. A veces una simple foto, video o video llamada nos regalan grandes momentos eróticos. El amor es importante, pero en mi humilde opinión el amor sin un buen sexo activo pronto se va de narices contra el suelo.

Todos necesitamos sentirnos activos y coger regularmente y, que en ese acto sexual las dos personas queden satisfechas. Es importante mantener ese equilibrio. Quizá si las parejas se tomaran bien el tiempo de hacerse el amor bien y de coger a lo maldito el índice de personas infieles bajaría. Estoy seguro que, la gente es más infiel por falta de sexo, que por amor. Que se es infiel por un polvo y no para tener una relación. Que se es infiel por ese deseo de adrenalina y no por ser la segunda opción de nadie y así sucesivamente. Por eso, si tú tienes actualmente una pareja te aconsejo que busques la forma de revivir esa chispa de la pasión y no deje que por esa debilidad entren otras personas y acaben con su relación.

> Ni la vida es solo trabajar ni el sexo es solo el acto de la penetración. Sé creativo y disfrútate cada momento sin miedo al qué dirán y vive de todo.

Emplee juguetes, lencería distinta, técnicas sexuales nuevas, posturas más perversas. Use el lenguaje obsceno, los buenos preámbulos y haga que su relación vuelva a florecer. En mi poca experiencia sexual aseguro que, donde a uno lo dejan satisfecho y lo complacen a menudo, ahí es donde uno realmente pertenece. Y de ahí uno no se va así lo traten como a ratón de ferretería.

Nunca caigas en la monotonía sexual ni te entregue a nadie sin ganas. Primero actívate hormonalmente y después de haber despertado tu energía sexual ve y activa la de tu pareja o conyugue. Hazme caso y así no tendrás que lamentar nada después.

Si, por el contrario, estás soltero; entonces aprovecha cada momento de la vida para hacer estas seis cosas con mucha intensidad y sin excusas ni arrepentimientos:

Sonreír constantemente.

Aprender constantemente.

Coger constantemente.

Comer bien.

Dormir bien.

Vivir un día a la vez.

Por nada del mundo te niegues a nada que te haga feliz y que te ponga a vibrar las piernas o el alma. La juventud, la belleza, la salud y la vida tiene fecha de caducidad. Y esos regalos son de esos que jamás se repetirán. Nunca te olvides de esto. repito, nunca. mi relación actual con Emanuela sigue siendo tan intensa y tan fluida como esa primera vez. He hecho, ya hemos asistido a clubes swingers para darle a nuestras experiencias íntimas otras sensaciones con más voltaje.

Vive muchas cosas y ten todas las experiencias sexuales que puedas. Recuerda que, los años se llevan la belleza, las ganas, la juventud y las oportunidades. APROVECHE TODO.

La primera vez fuimos solo como espectadores. Allí vimos todo lo que pudimos y nos gustó el lugar. Regresamos a las pocas semanas y esa vez solo tuvimos sexo los dos como pareja en frente de muchas otras personas. No hubo contacto con otras personas, solo ella y yo. Y, ahora en nuestros planes está la idea de regresar a ese lugar y vivir experiencias sexuales con otras parejas que quieran intercambiar.

Lo hemos hablado y hemos acordado hacerlo un día de estos cuando el trabajo nos dé un respiro. Sin embargo, tenemos pensado antes de ello encontrar a alguien confiable, sano y saludable para que venga a nuestro piso y podamos hacer un trío. Nuestro primer trio en pareja. Queremos vivir esa experiencia dentro de nuestra relación para probar cosas nuevas y para variar un poco. Y pensamos en que la elección de que sea hombre o mujer la dejaríamos a la suerte de cada quien. Y para ello, decidimos comprar un dado. Y así cada quien elige un numero en voz alta y al primero que le salga su número puede decretar si va a ser de origen masculino o femenino nuestro acompañante para llevar a cabo esa fantasía. Que por cierto es una de las muchas que queremos hacer.

Emanuela se ha convertido en mi mejor compañía y en mi loquita favorita. A veces suele retarme a dejarme llevar por las clientas, le gusta verme calentarlas y dejarla con las ganas. Le gusta que guarde para mí esas fotos prohibidas que suelo capturar sin que las modelos lo noten y, a veces mientras las vemos tenemos sexo. Nos hemos grabado follando tantas veces que en mi estudio hay dos o tres discos duros repletos de contenido explícito de los dos. Detalle a detalle en video y con sonido original de cada orgasmo interno mío en su culo o en su coño. De sus caras de puta y de lo majestuosos que es ver sus squirt mojando mi cámara.

Una foto, un video o follar frente al espejo te va a generar toda la adrenalina necesaria para que tengas verdaderos orgasmos. PRACTÍCALO

Espero con más tiempo invitarte a mi casa y que compartamos un vino y que podamos oír la versión de Emanuela. Supongo que, ella más que ser fan de sus letras y de sus libros, va a flipar contándote esas cosas que se me han pasado por alto a mí.

Mi querido escritor, la tarde está cayendo y debo pasarme por la tienda de alguien para hacerle entrega de su sesión de fotos. Emanuela tenía que llegar justo aquí hace algunos minutos y aun no la veo y no me ha llamado. Y es el tiempo de despedirme y agradecerte por dejarme contar mi historia y lo que sucede detrás del lente. Espero lo que has podido tomar de apuntes y lo que ha quedado grabado en tu aparato de audio te sea muy útil para que nuestras locuras, nuestro amor y nuestra forma de vivir pueda ser leída por muchos y quizá un aporte importante para sus relaciones y sus vidas. El sexo no lo puede ser todo, pero un buen sexo te sana de muchas cosas y eso es lo que importa. Sentirte pleno y feliz.

Gracias por tu tiempo mi querido Andrés Alfonso, Emanuela no pudo venir a conocerte y me ha indicado un lugar para recogerla. Que te manda saludos y que pronto serás su invitado de honor.

Nos dimos un abrazo de despedida. Me terminé mi tercer café con tranquilidad mientras el sol se escondida de mi vista. Suspiré, pagué mi cuenta y me marché de allí hasta mi hotel para alistar mi maleta y descansar un poco. Mañana tenía programado mi vuelo de regreso hasta Madrid.

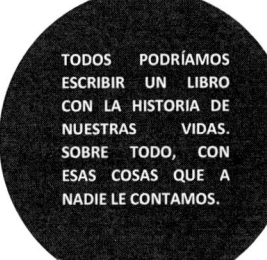

TODOS PODRÍAMOS ESCRIBIR UN LIBRO CON LA HISTORIA DE NUESTRAS VIDAS. SOBRE TODO, CON ESAS COSAS QUE A NADIE LE CONTAMOS.

Lugar donde me daría unas breves vacaciones de quince días antes de tomar otro vuelo e irme para Oporto, Portugal, a entrevistarme con Camila, una joven de veintidós años que viajó desde Colombia detrás de un sueño que no salió como esperaba y que le cambiaría la vida por completo. Una historia con la que van a flipar, como dice Marco.

Datos importantes donde ocurrió la plática que dio origen a este capítulo.

**Lugar de la entrevista:** Tenerife, España.
**Playa:** Fañabé, provincia de Santa cruz.
**Fecha:** 14/07/2022
Café bar con vista al amar.
**Hora:** 7:26 pm

**Nota:** desde mi llegada a Madrid en mayo seis del 2022 aproveché a conocer distintas ciudades y pueblos de España con mi compañera fiel antes de viajar a Tenerife. Paraíso indeleble en el cual vacacionaríamos dos días antes de acordar el encuentro con el protagonista de tan interesante historia.

Durante el recorrido logré capturar algunas fotos de varios lugares por los que anduve, en los que tomé café y en los que me inspiré para ir dándole forma a este libro. Espero las disfruten y si alguna vez pasas por algunos de los lugares que verás a continuación. Házmelo saber para viajar en mi pensamiento y recordar esta magnífica experiencia vivida.

Todas y absolutamente todas las fotos que permanecerán en este libro fueron tomadas por mí, en tiempo real y ninguna de ellas pertenece a otro autor. Espero desde el lugar que me lees ahora mismo logres recorrer pequeños y bellos lugares de España en cada fotografía. Las tomé pensado en ti mi querido lector porque, al igual que yo, mereces conocer estas tierras algún día.

Cada una de ellas cuentan una historia, hablan de mis gustos, te invitará a soñar y me dejarán tatuado en la piel de lo que puede entenderse como eternidad. Estoy seguro de ello, además, ese es el poder de los retratos. Y ahora que veo el mundo de otra manera, entiendo totalmente que hay lugares y momentos demasiado especiales e íntimos que no necesitan de una foto. Y eso pasa porque la felicidad verdadera es algo no se comparte.

# GALERÍA DE FOTOGRAFÍAS DE MI RECORRIDO POR ALGUNOS LUGARES DE ESPAÑA

# LUGARES TRANQUILOS Y BONITOS EN MADRID.

## PLAZA DE ESPAÑA

Andrés Alfonso

## PARQUE FUENCARRAL EN PLENO OTOÑO

MIRADOR DE FUENCARRAL HACIA LA
ZONA CUATRO TORRES EN INICIOS DE
PRIMAVERA.

## PARQUE NATURAL CAFÉ DEL LAGO A PRINCIPIOS DEL OTOÑO

**NOTA:** UNO DE LOS LUGARES MÁS FRECUENTADOS POR MÍ PARA BEBER CAFÉ Y REFLEXIONAR.

## MI CAFÉ DE LA TARDE CON MI PERSONA FAVORITA. LUGAR: CAFÉ CASA DEL LAGO, A MEDIADOS DEL INVIERNO.

**PRIMER DICIEMBRE JUNTOS EN MADRID. LOCALIDAD, SOL.** OCHO DÍAS DESPUÉS DE MI CUMPLEAÑOS.

FARO DE MONCLOA. UNO DE LOS
MEJORES MIRADORES EN MADRID.

# PALACIO REAL DE EL PARDO

## Jardinería y arquitectura

## CATEDRAL DE LA ALMUDENA

**UBICACIÓN:** a la par del palacio real.

Andrés Alfonso

CALLES DE MADRID EN VERANO

**MONCLOA.** Fotografía tomada a inicios de la primavera.

Andrés Alfonso

## TEMPLO DE DEBOD

Arquitectura egipcia.

GRAN VÍA / 11:00 PM noche de verano.

## TEMPLO DE DEBOD

Arquitectura egipcia.

GRAN VÍA / **11:00 PM** noche de verano.

**PARQUE NATURAL CASA DE CAMPO.** Mi lugar favorito para despejar la mente, hacer deporte y reflexionar.

ESTACIÓN DE METRO BANCO DE
ESPAÑA.

**DOMINGO DE CAMINATA POR CASA DE CAMPO.** Uno de mis planes favoritos.

# CAFÉ Y MONEDA DE DOS EUROS

PARQUE EL RETIRO A INICIOS DE LA
PRIMAVERA.

LECTURA Y DOMINGO DE RELAJACIÓN.
PARQUE EL RETIRO EN OTOÑO.

Andrés Alfonso

RASTROS DEL OTOÑO

LUGAR: parque el retiro.

PARQUE EL RETIRO A MEDIADOS DEL OTOÑO. Un lugar perfecto para despejar la mente y reflexionar.

Andrés Alfonso

# EN ALGÚN PARQUE DE MADRID AL CAER LA TARDE.

CAFÉ Y PAUSA ACTIVA. Uno de mis placeres favoritos.

## ACUEDUCTO DE SEGOVIA, ESPAÑA

CALLES DE SEGOVIA, ESPAÑA. A inicios de la primavera.

CALLES DE SEGOVIA, ESPAÑA. Rumbo a la catedral principal.

LIBRERÍA EN ALGUNA CALLE DE
SEGOVIA.

CALLE DE ZARAGOZA, ESPAÑA. EN
MITAD DEL INVIERNO.

PUENTE DE PIEDRA, CASCO ANTIGUO
DE ZARAGOZA. A MITAD DEL INVIERNO

CATEDRAL DE ZARAGOZA. NOCHE DE INVIERNO. Temperatura seis grados o menos.

PIRINEO FRANCÉS. Mi primer encuentro
con la nieve – invierno.

MINUTOS ANTES DE INGRESAR A LA
PISTA DE HIELO PARA PRACTICAR POR
PRIMERA VEZ ESQUÍ.

UNO DE MIS MOMENTOS CON MÁS
ADRENALINA.

EN LA CÚSPIDE DE LA PISTA PARA HACER
MI PRIMER DESCENSO.

## ESCULTURA DE BRONCE- MALLORCA

Se encuentra ubicada al respaldo de la catedra.

CALLES DE MALLORCA – viernes de verano.

MOLINO DE VIENTO – MALLORCA

ISLAS BALEARES DE ESPAÑA.

Andrés Alfonso

# BARCELONA Y ALGO DE SUS CALLES.

CATEDRAL DE BARCELONA, sábado de
verano.

## MOLINOS DE VIENTO DE CONSUEGRA
Una de las fotos tomadas por mí y más
bonitas de mi recorrido por este lugar.

MOMENTO CASUAL CON MI
COMPAÑERA SENTIMENTAL-
CONSUEGRA, ESPAÑA

Andrés Alfonso

CALA DE JÁVEA, PROVINCIA DE
ALICANTE, COMUNIDAD DE VALENCIA,
ESPAÑA. VERANO.

FOTO CONTEMPLANDO EL MAR Y SU
INMENSIDAD. JÁVEA.

VALENCIA, ESPAÑA. CIUDAD DE LAS
ARTES Y LAS CIENCIAS.

ESTACIÓN DEL NORTE, RENFE.
VALENCIA, ESPAÑA.

BRIHUEGA, CAMPOS DE LA BANDA,
ESPAÑA.

MI COMPAÑERA SENTIMENTAL
CONOCIENDO POR PRIMERA VEZ LOS
CAMPOS DE LA BANCA CONMIGO.
BRIHUEGA, ESPAÑA.

## VUELO MADRID – OPORTO, PORTUGAL
Dos días antes del encuentro con Camila.

Espero poder haber podido tocar tu corazón mi querido lector en cada una de esas fotos que tomé para ti. Hay lugares que visité y no me dio pie para poderlas subir aquí por temas del espacio estipulado para este libro.

Toledo, Aranjuez, Burgos, Alicante, Pinto, Getafe, Tenerife y Galicia. Seguramente en mis historias de Instagram les iré compartiendo un poquito de todo eso que me quedó faltando. Sin embargo, lo que está aquí fueron los mejores momentos capturados con mi teléfono celular y en los que más feliz fui durante mi recorrido por España. Y esta felicidad no quise que fuera solo mía. Por ello, les quise compartir estas fotos con todo el amor.

Me quedó claro de mi charla con marco que, a veces una foto puede ser el libro abierto de pasado cuando la vejez toque el timbre de tu vida. y lo hice con la intensión de ser recordado y de vivir en estas páginas por muchas décadas.

Tengo que dejarte por ahora, mi querido lector, porque estoy por abordar mi vuelo Madrid – Oporto, Portugal. Estoy ansioso por conocer este nuevo país, su gente, su comida, sus lugares y la historia de nuestra nueva protagonista, Camila.

**Fin del capítulo.**

## Madrid, Spain.

**Aeropuerto internacional Adolfo Suárez Barjas.** Terminal T4, salidas internacionales.

# Capítulo cuatro

## Camila

**D**iario de una mujer de bien que por cosas de la vida terminó convirtiéndose en prepago - (acompañante sexual), un oficio que de alguna forma le terminó gustando.

06/08/2022

**Lugar:** Puente don Luis I – Ponte de Luís I Café bar a la orilla del rio Duero, límite entre Oporto y vila nova de Gaia, Portugal.
**Hora:** 4:30 PM

Algunas personas no tenemos la dicha de elegir la vida que queremos, sin embargo, a raíz de esas tormentas, derrotas u obstáculos aprendemos a sacarle provecho a todas las cosas malas que nos pasan. Y tiempo después logramos entender que, lo malo a veces también funciona para bien. Pero eso ya depende de la mentalidad de cada persona.

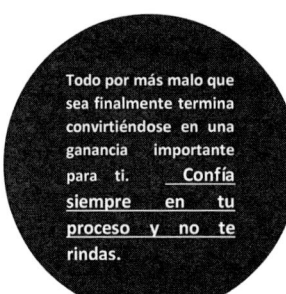

Todo por más malo que sea finalmente termina convirtiéndose en una ganancia importante para ti. <u>Confía siempre en tu proceso y no te rindas.</u>

**Pd:** Camila, la protagonista de esta historia que estás a punto de comenzar a disfrutarte. Te aconsejo que te sirvas un buen café para que te sepa mejor esta narrativa. Si estás en tu cuarto asegura la puerta porque quizá vas a sentir las ganas de tocarte un poco. Si estás de viaje, intenta conectar esta historia con los lugares que visitas, porque quizá, así no lo sepas entre las personas que ves muy normales, hay miles de mujeres y hombres como yo, es decir, que practican el mismo oficio. El de vender el cuerpo para lograr esa vida que, difícilmente podría tener siendo empleada común y corriente.

Yo no pedí que fuera así. Fueron las circunstancias las que me llevaron a estar en esta posición y de igual modo, terminar disfrutando lo que hago. Y así sin más, comencemos.

Mi nombre en esta historia será el de Camila, es el mismo que uso para mi trabajo de scort, o bueno, de puta. Desde que comencé en esto decidí que sería mi nombre en esta nueva faceta de mi vida. y, hasta el momento nadie y absolutamente nadie conoce mi verdadero nombre con el que me registraron mis padres en Colombia el día que nací. Excepto tú, Andrés Alfonso.

Tengo veintidós años. Mido un metro con sesenta y tres centímetros. Ojos claros, pelo lacio largo, actualmente me llega más debajo de la cintura y es uno de mis atractivos más encantadores de mi físico. Para mí y para mis clientes. Tengo siete tatuajes por todo mi cuerpo y cada uno de ellos significa algo importante para mí. Los llevo en la piel porque es una bella manera de no olvidarme de mis propósitos. Y cuando me veo desnuda, ellos me recuerdan lo que debo hacer y hasta donde tengo que llegar.

Soy una mujer de compostura delgada con cuerpo bien definido. Y es por mi genética y por cirugías. Puedo decir que actualmente no tengo ningún arreglo estético. Me amo como soy y no he tenido la necesidad de hacerme cosas en el cuerpo. Respeto mucho eso, sin embargo, solo lo he pensado a largo plazo y sería para mis tetas. Porque

> LA FELICIDAD EMPIEZA A GERMINAR EN TI CUANDO NO LE DAS EL PODER AL QUÉ DIRÁN. CUANDO DISFRUTAS LO QUE HACES Y CUANDO ENTIENDES QUE LA VIDA ES RATITO Y YA.

los años y la gravedad de la adultez hace que se nos caigan un poco, aunque también estando en ese punto me gustaría ponerle algo más de volumen a mis pechos si llego al quirófano. Por ahora no es una prioridad, pero algún día quizá lo haré.

Soy de cara bonita, con buena energía y me considero una persona amable que, a pesar de ser literalmente una puta en suelo europeo, trata de ser amigable, humana y social con todos. Mi ciudad natal es Medellín, Colombia, pero durante mi infancia crecí como cualquier niña en Río Negro, Antioquia. Allí transcurrió la mayor parte de mi infancia.

Me gradué del bachillerato a mis casi diecisiete años y para los veintiuno ya estaba graduándome de mi carrera universitaria como profesional en salud ocupacional. Solía pensar que, la vida era graduarte de la universidad y que eso bastaría para conseguirte un buen empleo, sobre todo, uno estable y seguro. Pero no, no es así y más en mi país. Yo soy muy fiel y amo mi bella Colombia y medallo, pero a veces el amor por tu tierra no basta para poder cumplir los sueños que viven en tu mente y en corazón.

Después de mi graduación trabajé como auxiliar administrativa por falta de

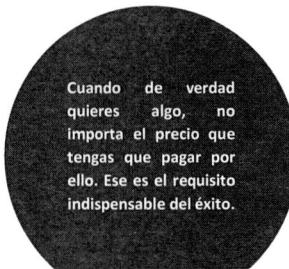

Cuando de verdad quieres algo, no importa el precio que tengas que pagar por ello. Ese es el requisito indispensable del éxito.

experiencia. Allí en esa primera empresa me endulzaron el oído de que era posible ir escalando poco a poco, algo que no me sucedió en nueve

meses. El personal rotaba constantemente, pero jamás se me tuvo en cuenta para ocupar el puesto de esa vacante. El puesto para el que estudié nueve semestres.

Me fue difícil estudiar puesto que, parte de mis estudios se pagaron con la hipoteca de la casa de toda la vida de mis padres. Y eso para mí ya era carga enorme porque mucho antes de recibir un diploma universitario, yo ya tenía una deuda por la cual debía responder. Por el bien mío y por el bien de mis padres quienes se esforzaron de muchas maneras para apoyarme en este proceso de poder ser una profesional. Y me es imposible olvidar el día en que les pude decir públicamente a mis padres, gracias por todo lo que hicieron por mí.

Mi madre y mi padre y mis hermanos terminaron con los ojos aguados. Y yo, ni se diga. Soy llorona a veces cuando los momentos bonitos se me clavan en el alma. Y esas cosas son las que nunca olvidaré por más dinero o pobreza que golpee mi vida.

El día que renuncié al trabajo que tenía en Colombia todo se me juntó. Llevaba dos días de haber salido de mi relación de años y esa tusa me consumía la energía de algún modo. Y creo que ese fue el detonante que me llevó a armarme de valor y soltar ese empleo de mierda que no me dejaba crecer y, que a cambio me cortaba las alas. Y como seres humanos, de vez en cuando necesitamos ese tipo de empujones para cambiar de alguna forma nuestro destino o estilo de vida; y ahora que me lo pienso y lo mastico mejor después de tantos años, solo doy por hecho que desde ese día entendí que de los malos momentos surgen grandes cambios. Sobre todo, cambios para bien.

Desde hacía varios años uno de mis mejores amigos me pintaba la idea de un día irnos a probar mundo en otro lugar, sin embargo, yo era muy apegada a mi familia que esa idea la veía demasiado lejos. Verdaderamente no me veía en ese plan de emigrar de mi país a comenzar una vida incierta. Esa idea me parecía demasiado aterradora e incierta.

> Donde no puedas crecer profesionalmente o donde no seas feliz, no te quedes, porque te mereces más. Mucho más.

Pero estando en la posición de desempleada con una deuda bancaria que no podía soportar yo sola, decidí optar por darme la oportunidad de consentir esa idea. Idea que jamás pensé que me llevará a vivir de lleno en ese mundo mal visto del sexo por dinero.

He sido una niña bonita desde la escuela. Por ello, desde siempre he sido tentada por propuestas indecentes de hombres mayores, de parejas swingers, de mujeres lesbianas y de cosas que ni podrías imaginarte.

Me tentaron con regalos costosos, con viajes, con teléfonos celulares y con dinero. De hecho, me viene a la mente un hombre casado que vivía cerca de mi barrio y tenía una joyería a la vuelta del colegio, diagonal donde esperaba cada día mi transporte público para regresar a casa. El tipo era guapo y su edad no creo que pasara de más de cuarenta y dos años. A mi parecer tenía unos treinta y ocho por mucho.

Mi madre me había regalado en mis quince años una cadena de oro en tejido fino y mi padre el anillo que casi nunca le puede faltar a una quinceañera. Lo cierto es que, esa cadena se me reventó un día saliendo del cole por estar jugueteando con mis amigas. Y como era un regalo con alto valor sentimental, quise ir hasta esa joyería que veía cada día mientras esperaba el autobús para preguntar qué valor tendría ese arreglo.

**Toda decisión que tomes tendrá inevitablemente un efecto transformador. Ya sea para bien o para mal. Recuérdalo.**

Ese día yo estaba en mi uniforme gala. Camiseta manga larga y corbata negra, obvio mi falda en aquel entonces era corta, un poco más que la de muchas de mis compañeras de clase. Con mi cabello suelto y no recuerdo si tenía puestos mis lentes.

Crucé la calle, toqué el timbre del local y desde adentro él me abrió. Ingresé y el aire acondicionado estaba encendido y se sintió demasiado refrescante. Le comenté mi caso y lo evaluó. Me costaba aproximadamente noventa mil pesos colombianos, en la actualidad sería más o menos veinte dólares americanos. Parece poco, pero para una adolecente de dieciséis años, no lo era. Y obvio no podía llegar a la casa a comentarle a mi madre lo que le había sucedido a la cadena, si el error era mío y lo menos que ella necesitaba era sacar más dinero. En ese tiempo mis padres atravesaban una crisis económica compleja. Entonces quise evitar ese problema y ello me llevó a ir a ese lugar.

El apuesto caballero acuerpado y con barba bien perfilada y arreglada me dijo que el arreglo tardaría de dos a tres días, puesto que, tenía unos trabajos pendientes. Acepté, sabía en el fondo que juntando algunos ahorros de mi alcancía y ayudándole a mi abuela en su restaurante dos o tres tardes juntaría ese dinero y así podría sacarla de allí sin que mis padres se enteraran. Esa fue la primera vez que me sentí capaz de solucionar sola mis propios problemas. Y con mi propio dinero.

Para proceder a dejarla me fue necesario dejar mi nombre completo y mi número de celular. Acordamos que me llamaría el día que estuviese lista. Me despedí de él y me fui a casa. Recuerdo que, esa noche con mi mejor amiga nos contamos muchas cosas, entre ellas le conté de lo apuesto que estaba aquel hombre mayor. Algo de mí ese día se conectó a él. Y sentí lo mismo de su parte. Fue extraño, empero, fue todo un caballero y jamás me dio a entender algo malo. Más bien era yo la que se atrevió a pensar cosas de personas adultas. Y todo eso que sentí allí lo supo mi amiga. En ese entonces ni ella

Existen conexiones tan fuertes que te pueden tocarte el alma, te hacen pensar locuras o terminan en orgasmos deliciosos.

ni yo habíamos estado sexualmente con ningún hombre. Los pocos besos y calentones que nos solíamos dar en el colegio era de niños y nada tan atrevido como lo puede ser en esta nueva era de jóvenes.

También creo que, a esa edad las hormonas hacen que una piense cositas picantes. Recuerdo que solía verme con deseo en mi espejo cada mañana al colocarme mi uniforme. Mis senos habían crecido, a mi vagina ya le salían vellos y mi cintura estaba bien definida. Pero, desde esa vez que hubo conexión visual con el tipo de la joyería, supe en definitiva que mi gusto hacía los hombres mayores iba a ser inevitable para mí, un problema. Y lo pensé así por mi corta edad.

No tuve una infancia tan loca a comparación de algunas compañeras de mi colegio. Claudia, por ejemplo, tenía mi misma edad y ya se había acostado con dos chicos, con Steven, del grado once y con un chico de su barrio, del cual ahora mismo no me viene a la mente su nombre.

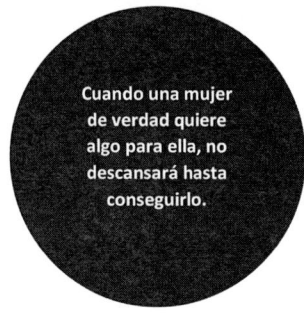

Cuando una mujer de verdad quiere algo para ella, no descansará hasta conseguirlo.

Es normal que, entre mujeres nos contemos todo, o bueno, casi todo. Y de ella provenía casi la mayor parte de la información sexosa que circulaba en ese tiempo de escuela. Y saber tantas cosas que todavía no has vivido te llena la mente de curiosidad. Pues bien, eso mismo me sucedía en aquel entonces. Y conocer y conectar con aquel hombre ese día, me hizo despertar la curiosidad el doble. Sentí desde esa vez que, me urgía comenzar a conocerme como mujer y también conocer mi cuerpo. Ya era justo conmigo y pensé que, mi momento de saltar al vacío y vivir nuevas experiencias había llegado.

Me desentendí de muchas cosas por dos o tres días. se me había juntado algunos exámenes en el cole. Cosas de la casa y el poco tiempo que me quedaba lo invertía ayudándole a mi abuela en su negocio. Pues en ese entonces era la única que me daba dinero. El dinero que necesitaba para volver a la joyería por mi cadena. De hecho, era algo que me alegraba porque al regresar no solo tendría en mis manos de nuevo ese detalle tan valioso que me había dado mi madre, sino que también tendría la dicha de volver a ver ese hombre que me gustó desde el primer momento.

Y, ahora que soy mayor y recuerdo lo que sentí aquella vez, llego a la conclusión que, a veces una simple idea que te compres en tu cabeza basta y sobra para que te incite y te haga saltar a lo desconocido. Todo empieza con curiosidad y termina en amores grandes, pasiones fuertes o tragedias inesperadas. Pero, en fin, la vida se trata de aprender, de matar la curiosidad y de ir lento y seguro dándole respuestas a las preguntas del corazón y del alma.

Un viernes después de haber llegado a casa, cuatro días después de que dejé mi cadena en reparación sonó mi celular, en la primera no pude contestar a tiempo porque estaba dentro de mi mochila, entonces lo que hice fue devolver la llamada de inmediato. Y obvio, era él.

Me informó que ya podía pasarme por allí y mi alegría se elevó por encima de la cúpula del cielo. Yo ya tenía el dinero juntado y como estaba sola en

> Toda mujer tiene el poder de poner el mundo a sus pies si así lo quisiera. Y lo que la separa de ello, es su ética, su miedo o su moral.

casa, esa tarde me tomé un buen tiempo para ducharme, arreglarme y salir bonita. Ese día me puse una licra larga de color ojo, mi mejor panty y una camiseta blanca que me quedaba ajustada también. Me fui con mi cabello suelto y desde que salí de la casa me sentía extraña, sexy y como excitada. Me llevé mi mochila con algunos cuadernos por si al regresarme ya estaba mi madre en casa y se le daba por interrogarme. Pensé en que si me veía con la mochila evitaría hacerme preguntas. Yo siempre fui una niña dedicada a sacar buenas notas. Me portaba bien. No les daba a mis padres dolores de cabeza y no estuve jamás en malos pasos. Lo más malo que hice fue sentarme en el descanso con mis amigas para oírles sus historias de cuando tuvieron sexo por primera vez.

Me daba curiosidad saber si era muy doloroso. quería saber cómo era un pene y cómo tenía que actuar una en ese momento. Con esas preguntas me acosté y me desperté muchas veces durante mi juventud. Pero ese día mientras caminaba algunas cuadras para llegar a la joyería realmente me excité bastante. Quizá por el miedo, quizá porque había tomado yo la iniciática de vestirme así para llamar la atención de un hombre mayor o quizá porque lo asumí como una cita.

Al llegar volví a tocar el timbre y me segundos después me abrió la puerta. Me saludó con una sonrisa y le fue inevitable verme de pies a cabeza. Esta vez no con mi uniforme de colegiala, sino en licra.

Me saludó y se ubicó detrás del cristal de la vitrina y me entregó enseguida mi cadena. Me puse frente al espejo y como pude me la coloqué alrededor de mi cuello. Y, mientras lo hacía él no dejaba de verme el culazo que se me veía. Supe que eso era suficiente para quedarme en su cabeza, así como él ya estaba en la mía.

Existen tentaciones que valen toda la pena probar, caer e ellas y disfrutártelas todas. Y no importa que duren un instante y ya.

Una vez puesta en mi cuello me da la vuelta y caminé hacia él para que me recordara el valor a pagar. Son noventa mil, dijo él. Y enseguida abrí mi mochila y saqué mi cartuchera para sacar el dinero. Le pasé dos billetes de veinte mil, uno de diez mil, uno de cinco mil y el resto eran monedad de mil y de quinientos pesos, las cuales tendría que ponerme a contar.

Extendió su mano y me recibió el dinero, cincuenta y cinco mil pesos en billetes. Y cuando fui a disponerme a contar las monedas para completar el monto, me tomó por la mano y me dijo: —deja así. Toma como un obsequio el resto. Le sonreí. Mi mano se puso helada y mis nervios me delataban y delataban mi debilidad por él.

Gracias, le respondí. Y solté mi mano de la suya. No lo tomé a mal. Y menos cuando me dijo mil cosas bonitas mientras organizaba mi mochila. Me preguntó si podría guardar mi número, le dije que sí. Y desde ese momento nos hablábamos cada tarde.

Pasó menos de un mes y un día me llamó para decirme que me pasara por su local que me tenía algo. Me dio una hora específica y acepté. Fui hasta donde él y me obsequió unos aretes de plata muy hermosos. Y ese primer detalle jamás lo podré olvidar. Y menos después de su caballerosidad al retirar de mis orejas los que usaba y que eran de fantasía, para remplazarlos por los de plata. Sus manos cerca de mi cara me ponían nerviosa. Y él sabía que me gustaba mucho.

> Cuando algo de verdad te gusta y te hace feliz, lo persigues, lo vives y lo haces tuyo sin importar el precio.

Fueron varios regalos y, todos y cada uno de ellos podía lucirlos solamente en el colegio. Mis padres por nada del mundo podrían enterarse. Eso sería peor que una bomba nuclear, puesto que, para mí y para él, sobre todo, le saldría cara la chanza de acortejar a una menor de edad.

Era complejo la verdad, pero me gustaba mucho ese hombre.

Tuvimos en aquel entonces varios acercamientos, y en dos de ellos pasaron cosas que uff, aun las recuerdo me hacen mojar y sentir cosquillas en todo el cuerpo. La primera de muchas fue en su local, un día al salir del colegio. Yo fui como lo habíamos acordado la tarde anterior por teléfono y allí nos besamos por primera vez. Fue interesante como sucedió. Desde que abrí la puerta de la joyería nos abrazamos y besamos de una manera muy tentadora y excitante. En ese momento él me alzó y me sentó encima de su vitrina y allí me besó con mucha pasión.

Me encantaba como me hacía responderle aquellos besos tan apasionados y notar lo fuerte que era. El gesto de elevarme hasta su cintura y colocarme encima de la vitrina para besarme me enloqueció. Y tengo vivo el recuerdo también que dejé que me manoseara un poco los senos por encima de la ropa. Y cuando lo hacía me parecía demasiado mágico lo que un simple roce era capaz de hacerme sentir. Es inexplicable el gusto que sentí por él y lo arriesgada que fui en aquel momento. Fue algo tan mío y tan secreto que ni siquiera mis dos mejores amigas lo supieron y no lo saben a la fecha. Una locura total. Esa sería la definición correcta.

El día más intenso de tu vida será aquel cuando conozcas a alguien que, sin pedirte nada, por voluntad propia romperás todas las reglas.

Durante esos quince o veinte minutos que estuve sentada allí en esa vitrina tuve el valor de tocar con mi mano su parte baja y sentir por encima de su pantalón la dureza de su miembro, o bueno, en lenguaje coloquial sería "su verga". Lo tenía muy erecto y se sentía a través de su ropa que lo tenía grande y grueso. Eso procesaba mi mente mientras no paraba de besarle y besarle.

Ese fue un acercamiento demasiado peligroso para mí. Lo acepto, no obstante, me admiro mucho porque pude controlarme y no dejar que las ganas me dominaran. Sin embargo, confieso que, salí de allí con mi tanga encharcada, con mis tetas afiladas como la punta de un lápiz y con unas ganas terribles de hacerme penetrar. Era tanta mi excitación que, el miedo al dolor de lo que sería mi primera vez se me había olvidado. Juro que fui una atonta quizá al no devolverme para hacerme coger. Lo mío no se trataba en ese momento de enamorarme, se trataba de matar la curiosidad de lo que se podía sentir el perder la virginidad y tener sexo. Eso era algo que, tarde o temprano tenía que desbloquear y vivir. Y qué mejor que fuese con un hombre mayor que yo. Sin embargo, en la noche mientras daba vueltas en mi cama no dejaba de reproducir en mi mente ese momento tan rico e intenso que viví. Parecía loca quizá dándole toda mi atención a eso, pero era relativamente algo demasiado nuevo para mí. Un secreto de estado, literal.

El tiempo que dediques a explorarte o a amarte, es también un regalo que tu mente y cuerpo te lo agradecerán siempre. Masturbarte es necesario.

Pensé en mil tonterías durante mi insomnio. Y una de ellas era que muy en el fondo de mis pensamientos me aterraba la idea del dolor que ha de sentirse perder la virginidad. Y más sabiendo que eso que había tocado en la tarde era de gran proporción. No cabía en mi cabeza como un pene grueso y así de duro y largo pudiese entra en mi vagina, si apenas tenía idea que por ahí orinaba y ya.

Y pensar tanto en ello fue suficiente para que esa noche la luz de mi cuarto se apagara después de las tres con veinte de la noche.

Y sí, me acosté tarde esa vez porque después de tremenda calentura quise explorarme por primera vez. Y, para ello, acomodé el espejo de cuerpo completo que mi padre hacía poco me había comprado junto al lado de la mesa de noche para lograr verme desnuda desde mi cama.

Esa noche me quise ver por primera vez la entrada a mi vagina. Conocer la forma y textura de mi clítoris y, por qué no intentar introducir un dedo a ver que podía sentir. Claro que lo hice dos o tres veces.

Se sintió demasiado ajustado y eso que era los dedos de mis manos eran delgados. Me dolía un poco, sim embargo lo intente un par de veces. Pero al final termine solo frotándome el clítoris y teniendo mi primer orgasmo de la vida. Fue mejor de lo que esperaba, me gustó muchísimo eso de masturbarme. Me cayó tan bien que, seguí practicándolo a menudo con la esperanza y la intención que pronto estuviese preparada física y mentalmente para él. En el fondo quería que ese trofeo fuera de él y solo de él. Pensé en que, mi primera vez tenía que ser especial y debía marcarme de por vida con una muy pero muy buena experiencia sexual.

## Continuará...

El siguiente y último libro de esta saga se publicará en breve. Espero sea posible en este año actual (2025) y así concluir esta historia y otras dos historias que jamás se te borrará de la cabeza.

**Consejo del autor:** A la vida mucho café, muchas sonrisas y alegrías y, sobre todo, mucho sexo del bueno.

**Nota del autor:** No dejes nada para después. La vida viene con una sola oportunidad. Por ello, oportunidad que se te presente vívela y que pase lo que tenga que pasar. <u>Aplica para todo.</u>